Monographies du Grand-Duché de Luxembourg

Lucilinburhuc

Luxembourg
Ville-forteresse · Festungsstadt
Fortress City

Français · Deutsch · English

Editions Guy Binsfeld

Luxembourg - Gibraltar du Nord
Luxemburg - Gibraltar des Nordens
Luxembourg - Gibraltar of the North

Un pion convoité

Même Johann Wolfgang von Goethe avait été impressionné par les fortifications de la ville de Luxembourg lors de son bref séjour en 1792. L'écrivain saisissait les remparts imposants dans des croquis et notait ceci: "Celui qui n'a pas vu Luxembourg, ne parviendra pas à se faire

Ein begehrtes Faustpfand

Selbst Johann Wolfgang von Goethe war bei seinem kurzen Aufenthalt im Jahre 1792 von den Befestigungen der Stadt Luxemburg beeindruckt. Der Dichter hielt die mächtigen Bollwerke in Zeichnungen fest und notierte: "Wer Luxemburg nicht gesehen hat, wird sich keine Vorstellung von diesem an- und übereinander gefügten Kriegsgebäude machen (...) Die allen Begriff übersteigende Mannigfaltigkeit der auf- und aneinander getürmten, gefügten Kriegsgebäude, die bei jedem Schritt vor- oder rückwärts, auf- oder abwärts ein anderes Bild zeigten, riefen die Lust hervor, wenigstens etwas davon aufs Papier zu bringen."

Much-desired security

Even Johann Wolfgang von Goethe himself was impressed by the fortifications of the City of Luxembourg, during his short stay in the year 1792. The writer recorded the mighty bulwarks in his drawings and noted, "Whoever has not seen Luxembourg will be unable to visualise all these buildings of war constructed among and above each other (...) The multiplicity, which is quite beyond comprehension, of fortified buildings towering over and upon one another, and which show a different face with every step, forwards or backwards, up or down, arouse the desire at the very least to put some of it on paper."

une idée de cet édifice de guerre où tout est aposé et juxtaposé pêle-mêle. La variété extraordinaire, qui dépasse l'entendement, de ces édifices de guerre qui se superposent et s'entrelacent et qui offrent à chaque pas en avant ou en arrière, ascendant ou descendant une autre impression ont suscité l'envie de capter au moins quelque chose de tout cela sur papier."

Au cours de son histoire millénaire, la ville de Luxembourg était fortifiée pendant plus de 900 ans. Ses remparts imposants avaient valu à Luxembourg la réputation de "Gibraltar du Nord". Sa situation géo-

Während ihrer tausendjährigen Geschichte war die Stadt Luxemburg länger als 900 Jahre befestigt. Die

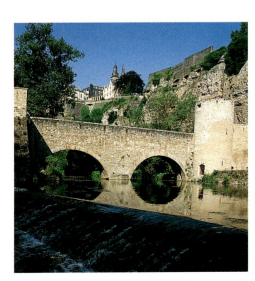

During its one thousand year history the City of Luxembourg was fortified for more than 900 years. The defiant ramparts earned Luxembourg the reputation of being a "Gibraltar of the North". For its location between France and Germany, as well as the rarely compatible interests of all the European powers, the city offered a much-desired security. Thus the fortress fulfilled a different function with each occupier: On the one hand it guaranteed the link between scattered regions, as in the case of the Burgundian, Spanish, and Austrian provinces. On the other hand it served as an outpost, or to round

Les casemates du Bock

Die Kasematten des Bockfelsens

The Casemates in the Bock outcrop

graphique entre la France et l'Allemagne ainsi que les intérêts difficilement réconciliables des puissances européennes transformèrent la ville en pion convoité sur l'échiquier européen. C'est ainsi que la forteresse remplissait différentes missions d'un propriétaire à l'autre: d'une part, elle servait de lien entre des possessions dispersées comme dans le cas des provinces bourguignonnes, espagnoles et autrichiennes; de l'autre, elle faisait fonction d'avant-poste ou servait à arrondir des positions territoriales

trutzigen Festungswälle hatten Luxemburg den Ruf eines "Gibraltar des Nordens" eingebracht. Die Lage zwischen Frankreich und Deutschland sowie die kaum miteinander zu vereinbarenden Interessen aller europäischen Mächte machten die Stadt zum begehrten Faustpfand. So erfüllte die Festung, je nach Besitzer, verschiedene Aufgaben: Einerseits sicherte sie die Verbindung zwischen verstreuten Landesteilen, wie im Falle der burgundischen, spanischen und österreichischen Provinzen. Andererseits diente sie als Vorposten, oder zur Abrundung der eigenen Besitzungen, wie im Falle Frankreichs und Preußens.

Während die Festungsmauern nach außen Schutz boten, so daß Handel und Gewerbe gedeihen konn-

off territorial assets, as in the case of France and Prussia.

While the fortified walls offered outward protection, beneath them trade and industry thrived, and the growing population became cramped within. Still it was possible, in the Middle Ages, to secure the expanding city once again by means of new defensive walls, but the bastioned ramparts laid out after 1544 and the ever more deeply graded defence put an end to a further expansion onto the plain. This state of affairs lasted until the Treaty of London of 11 May 1867, through which the fortress was abandoned and Luxembourg became the capital of an independent and neutral state.

Today those fortifications which remained after the dismantling are the main sights of the Grand Ducal capital. In December 1994 UNESCO decided to enter not just the *Alstad* (the old

Le comte et l'ondine

Le rocher du Bock ne fut pas uniquement la scène de confrontations sanglantes. La légende la plus connue du Luxembourg s'y est déroulée. Le comte Sigefroi, fondateur de la ville, avait promis à son épouse Mélusine de ne jamais l'observer pendant qu'elle prenait son bain. Mais lorsqu'un jour il le fit quand-même, en cachette, il remarqua avec horreur que son épouse avait une queue de poisson. Sur quoi l'ondine disparut dans les vagues de l'Alzette où elle attend toujours sa délivrance.

Der Graf und die Nixe

Der Bockfelsen war nicht nur Schauplatz kriegerischer Auseinander-

setzungen. Dort spielte sich auch die populärste Sage Luxemburgs ab. Graf Siegfried, der Stadtgründer, hatte seiner Gattin Melusina versprochen, sie nie beim Baden zu beobachten. Als er dies doch einmal heimlich tat, stellte er entsetzt fest, daß seine Gemahlin einen Fischschwanz hatte. Daraufhin entschwand die Wassernixe in die Fluten der Alzette, wo sie noch heute auf ihre Erlösung wartet.

The count and the mermaid

The Bock outcrop was not just the stage for war-like clashes. The most popular Luxembourg saga was also played out there. Count Siegfried, the founder of the city, had promised his wife Melusina that he would never observe her while she bathed. On the one occasion when he did this, secretly, he was horrified to discover that his beloved had had the tail of a fish. Thereupon the water-nymph disappeared beneath the waves of the Alzette, whence today she still awaits her deliverance.

comme dans le cas de la France ou de la Prusse.

Tandis que les fortifications offraient vers l'extérieur une protection qui permettait l'essor du commerce et des métiers, elles mettaient à l'étroit dans leur enceinte la population grandissante. Alors qu'il était encore possible au Moyen Age de continuer à assurer la protection de la ville en expansion par de nouvelles fortifications

ten, engten sie im Innern die wachsende Bevölkerung ein. War es im Mittelalter noch möglich, die expandierende Stadt durch neue Ringmauern zu sichern, so beendeten die nach 1544 angelegten bastionierten Wälle und die immer tiefer gestaffelte Verteidigung eine weitere Ausdehnung in die Ebene. Dieser Zu-

part of the city), but also some of the fortress-remains in their World Heritage List. The Belgian UNESCO expert

La silhouette de la Vieille Ville et les tours de la cathédrale

Altstadt-Silhouette und Türme der Kathedrale

Silhouette of the *Alstad* and the spires of the Cathedral

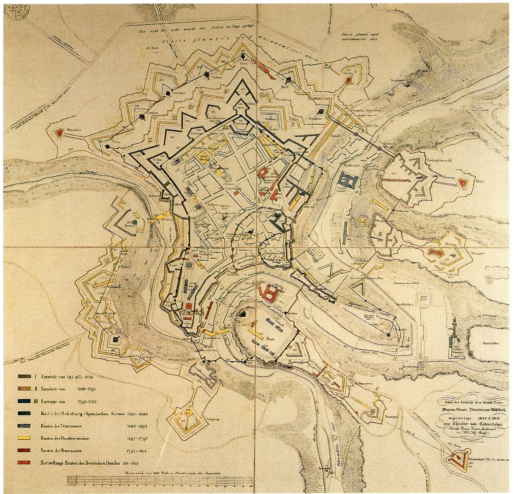

Plan de la forteresse établi par Theodor von Cederstolpe dans les années 1844 et 1845 illustrant les différentes périodes d'occupation (Archives nationales)

In den Jahren 1844 und 1845 von Theodor von Cederstolpe erstellter Festungsplan, der die verschiedenen Besatzungsperioden verdeutlicht (Nationalarchiv)

Fortress plans drawn up in the years 1844 and 1845 by Theodor von Cederstolpe, which illustrate the various periods of occupation (National Archive)

Sigefroi,
fondateur de la ville,
représenté sur un vitrail
de la cathédrale

Stadtgründer
Siegfried, abgebildet auf
einem Fenster der
Kathedrale

City founder
Siegfried portrayed
on a window in the
Cathedral

Lucilinburhuc
(petit château fort) -
le château fort de
Sigefroi entouré de la
première enceinte

Lucilinburhuc
(kleine Burg) - die
Siegfried-Burg mit der
ersten Ringmauer

Lucilinburhuc
(small fortress) - the
Siegfried castle with the
first defensive wall

circulaires, la mise en place à partir de 1544 de remparts bastionnés ainsi que de défenses en profondeur de plus en plus avancées ont mis un terme à l'expansion dans la plaine. Cette situation allait perdurer jusqu'au traité de Londres de 1867, qui donna lieu au démantèlement de la forteresse et faisait de Luxembourg la capitale d'un Etat indépendant et neutre.

Aujourd'hui, les fortifications qui ont échappé au démantèlement constituent la principale attraction de la capitale grand-ducale. En décembre 1994 l'UNESCO a décidé d'inscrire sur la liste du Patrimoine culturel mondial les restes des fortifications ainsi que la Vieille Ville. Jan Tanghe, l'expert belge de l'UNESCO, a relevé ce qui suit dans son rapport: "Jadis, Luxembourg symbolisait les revendications territoriales et militaires des grandes nations. Aujourd'hui, la ville fortifiée est le berceau, si ce n'est l'allégorie des régions et des cultures européennes."

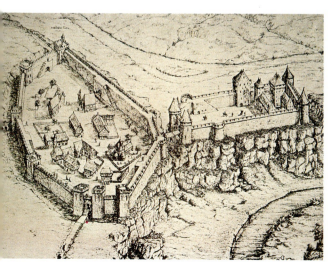

stand dauerte bis zum Londoner Vertrag vom 11. Mai 1867, durch den die Festung aufgelassen und Luxemburg die Hauptstadt eines unabhängigen und neutralen Staates wurde.

Heute sind jene Befestigungen, die nach der Schleifung übriggeblieben sind, die Hauptsehenswürdigkeiten der großherzoglichen Kapitale. Im Dezember 1994 beschloß die Unesco, nebst Luxemburgs Altstadt auch die Festungsüberreste in ihre Liste der Weltkulturgüter aufzunehmen. Der belgische Unesco-Experte Jan Tanghe schrieb in seinem Bericht: "Früher symbolisierte Luxemburg die

Jan Tanghe wrote in his report, "Formerly Luxembourg symbolised the territorial and military claims of the great nations. Today the fortified city is the cradle - if not even the allegory - of European regions and cultures."

Roman times and the early Middle Ages

Craftsmen settled by the river

Luxembourg was situated where the River Alzette was traversed by the Roman cross-country road which,

from the middle of the 1st century, led from Reims to Trier. So the city developed from the lower suburbs. In the Pfaffenthal, above the present day Alzette bridge, were located a ford and a bridge. Its exact origin cannot be established, since the wooden relics found during emergency excavations in 1990 did not allow any dependable dating to be carried out. However, almost all the Roman coins likewise recovered dated from the 4th century. The crossing was possibly guarded by one of the late-Roman watch towers situated near the present day Fish Market (in the *Alstad*).

Franconian grave finds from the 6th and 7th century also verify the existence of a permanent settlement after the collapse of Roman rule.

In Carolingian times, today's municipal area belonged to the Royal *fiscus* of Weimerskirch, which Charles Martell transferred to the St. Maximin Abbey in Trier in the year 723. Here

Le comte Jean l'Aveugle (1296-1346) est un souverain luxembourgeois du Moyen Age des plus connus

Graf Johann der Blinde (1296-1346) ist einer der bekanntesten Luxemburger Fürsten des Mittelalters

Count John the Blind (1296-1346) is one of the most famous medieval rulers of Luxembourg

A partir du XVIe siècle le plateau du St-Esprit fut transformé en bastion

Ab dem 16. Jahrhundert wurde das Heilig-Geist-Plateau zur Bastion ausgebaut

From the 16th century the St. Esprit Plateau was extended into a bastion

L'époque romaine et le haut Moyen Age

Des artisans s'établissent le long de la rivière

Luxembourg était située au point de traversée de la rivière Alzette de la voie romaine, qui menait à partir de la seconde moitié du premier siècle de Reims à Trèves. Le développement de la ville s'est donc effectué à partir des faubourgs. Au Pfaffenthal, en amont de l'actuel pont sur l'Alzette, il y avait un gué et un pont. Il n'est pas possible de situer dans le

Gebiets- und Militäransprüche der großen Nationen. Heute ist die befestigte Stadt die Wiege – wenn nicht sogar die Allegorie – der europäischen Regionen und Kulturen."

Römerzeit und frühes Mittelalter

Handwerker lassen sich am Fluß nieder

Luxemburg lag am Alzetteübergang der römischen Landstraße, die seit Mitte des 1. Jahrhunderts von Reims nach Trier führte. Die Stadt entwickel-

temps d'une façon un tant soit peu précise cet ouvrage, car les vestiges en bois retrouvés à l'occasion de fouilles effectuées en 1990 n'ont pas permis d'établir de façon fiable leur âge. Les monnaies romaines trouvées à la même occasion datent presque toutes du IVe siècle. On suppose que la traversée a été protégée par une tour de garde de la même époque qui était située vraisemblablement à proximité de ce qui est aujourd'hui le Marché-aux-Poissons (dans la Vieille Ville).

Des découvertes de tombes franconiennes des VIe et VIIe siècles témoignent d'une présence continue de l'habitat même après l'écroulement de l'ordre romain.

A l'époque carolingienne le territoire actuel de la ville faisait partie du *fiscus* royal de Weimerskirch, que Charles Martel avait cédé en 723 à l'abbaye St-Maximin de Trèves. L'ab-

te sich also von den Unterstädten her. Im Pfaffenthal, oberhalb der heutigen Alzettebrücke, befanden sich eine Furt und eine Brücke. Ihr genauer Ursprung ist nicht feststellbar, da die bei Notgrabungen im Jahr 1990 gefundenen Holzreste keine zuverlässige Datierung zuließen. Die ebenfalls geborgenen römischen Münzen stammten fast alle aus dem 4. Jahrhundert. Gesichert wurde der Übergang möglicherweise von einem in der Nähe des heutigen Fischmarktes (in der Altstadt) gelegenen spätrömischen Wachturm.

Fränkische Grabfunde aus dem 6. und 7. Jahrhundert belegen eine dauernde Besiedlung nach dem Zusammenbruch der römischen Ordnung.

In karolingischer Zeit gehörte das heutige Stadtgebiet zum königlichen *fiscus* Weimerskirch, den Karl Martell 723 an das Trierer Kloster St. Maximin übertrug. Das Kloster besaß hier ei-

the Abbey owned a manor house (*villa*) and extensive lands held in socage, the surplus production of which was sold at an associated market. In the lower suburbs of Grund and Pfaffenthal the Petrusse and Alzette watercourses encouraged the settlement of numerous craftsmen.

Lucilinburhuc

The castle of the Counts of the Ardennes

Around the year 963 the Ardennes Count Siegfried acquired the right to establish a castle on the Bock outcrop. The later Upper City developed from there outwards. At the beginning it was probably secured by a simple outer bailey with a few solid towers and gateways as well as wooden stockades and thick thorn hedges. It surrounded a settle-

baye possédait ici une ferme seigneuriale (*villa*) et des terres éten-
dues, dont la production était écou-
lée sur un marché rattaché à ce lotissement. Dans les faubourgs Grund et
Pfaffenthal les cours d'eau Pétrusse
et Alzette ont favorisé l'établissement
de nombreux artisans.

Lucilinburhuc

Le château du comte des Ardennes

Aux alentours de 963, 1e comte
des Ardennes Sigefroi s'appro-
priait le droit de construire un château sur le rocher du Bock. C'est à
partir de là qu'allait se développer ce
qui est devenu la Ville Haute. On
peut supposer qu'au début cet édifice était protégé par une basse-cour
dotée de quelques tours et portes
fixes ainsi que de palissades en bois

nen Herrenhof (*villa*) und ausgedehn-
tes Fronland, dessen Überschüsse auf
einem angegliederten Sammelmarkt
verkauft wurden. In den Unterstädten Grund und Pfaffenthal begünstigten die beiden Wasserläufe Petruß
und Alzette die Niederlassung zahl-
reicher Handwerker.

Lucilinburhuc

Die Burg des Ardennergrafen

Um 963 erwarb der Ardennergraf
Siegfried das Recht, auf dem
Bockfelsen eine Burg anzulegen.
Von dort aus entwickelte sich die
spätere Oberstadt. Anfangs war sie
wohl durch eine primitive Vorburg
mit wenigen festen Türmen und
Toren sowie mit Holzpalisaden und
dichten Dornenhecken gesichert. Sie
umgab eine Siedlung mit Herrenhof

ment with a manor house and work-
ing quarters. As early as in 987, St.
Michael's Church was dedicated, and
the foundation stone laid for the es-
tablishment of a separate independent parish.

The descendants of Siegfried
transposed the Weimerskirch market
to the outer bailey. The protective
proximity of the Counts' Castle, and
the favourable location on a medieval trading route, with a settlement
of craftsmen in the neighbourhood,
encouraged the founding of a trading
centre.

In the year 1166, the records first
show the settling of a new town
(*novum forum*, New Market, today's
Herb Market) in front of the outer
bailey. It appears to be an establish-
ment which came into existence with
the support of the Counts, and which
later received its City Charter. The
first City Hall was built in the New

et de haies de ronces. La Ville Haute entourait un lotissement qui comprenait une ferme seigneuriale et des bâtiments communs. Déjà en 987, l'église St-Michel fut consacrée, ce qui donna naissance à une paroisse autonome.

Les descendants de Sigefroi déplacèrent le marché de Weimerskirch dans l'avant-château. La proximité rassurante du château des comtes, la situation privilégiée le long d'une

und Wirtschaftsgebäuden. Bereits 987 wurde die St. Michaelskirche eingeweiht und der Grundstein für die Entstehung einer eigenen, unabhängigen Pfarrei gelegt.

Die Nachfahren Siegfrieds verlegten den Markt von Weimerskirch in die Vorburg. Die schützende Nähe der Grafenburg, die günstige Lage an einem mittelalterlichen Handelsweg und die Nachbarschaft zu einer Handwerkersiedlung begünstigten

Market. This City Hall was converted at the end of the 19th century into the present day Grand Ducal Palace, the official town residence of the Grand Ducal Family. A small defensive wall was constructed in 1237 to protect the new town.

From 1330 until 1398 the large, last defensive wall was erected. The fortifications were financed by the mulcting of taxes which Count John the Blind and his descendants had

Mauvaises odeurs contre la peste

A partir du XIIe siècle un nombre croissant de commerçants, cabaretiers, meuniers, boulangers, forgerons et autres artisans s'établissaient dans les villes basses au pied des rochers. Au bord de l'Alzette se développèrent des tanneries, où on travaillait le cuir. Des citoyens superstitieux étaient d'opinion que les évaporations nauséabondes des ateliers (où l'on utilisait par exemple de l'urine pour le tannage) les mettraient à l'abri de la peste. Mais la mort noire ne s'arrêta pas aux portes de Luxembourg. Régulièrement le fléau fit son apparition dans la ville-forteresse. Ce fut également le cas en 1636 lorsque les citoyens cherchèrent la protection des saints Adrien, Sébastien et Roch. Jusqu'à la Révolution française une procession solennelle fut organisée le 9 septembre de chaque année en l'honneur de ces patrons célestes.

Gestank gegen die Pest

Ab dem 12. Jahrhundert ließen sich vermehrt Händler, Gastwirte, Müller, Bäcker, Schmiede und andere Handwerker in den Unterstädten am Fuße der Felsen nieder. Am Alzette-Ufer entstanden Gerbereien, in denen Leder verarbeitet wurde. Abergläubische Bürger waren der Meinung, die übelriechenden Dünste aus den Werkstätten (beim Gerben wurde beispielsweise Urin beigemischt) würden sie vor der Pest bewahren. Doch der schwarze Tod machte nicht vor Luxemburg halt. Immer wieder brach die Seuche über die Festungsstadt herein. So auch 1636, als die Bürger sich unter den Schutz der Heiligen Adrian, Sebastian und Rochus stellten. Bis zur Französischen Revolution wurde jeweils

am 9. September eine feierliche Prozession zu Ehren dieser himmlischen Patrone organisiert.

Stench against the plague

From the 12th century an increasing number of tradesmen, landlords, millers, bakers, smiths, and other craftsmen settled in the lower suburbs at the foot of the cliffs. On the banks of the Alzette tanneries came into existence, and leather was worked there. Superstitious citizens were of the opinion that the foul-smelling fumes from the workshops (for example in tanning urine was mixed in) would protect them from the plague. But the Black Death did not stop before Luxembourg. The epidemic broke out ever more severely in the fortress city. This was indeed the case in the year 1636, when the citizens placed themselves under the protection of Saints Adrian, Sebastian and Rochus. Until the French Revolution, a ceremonial procession took place on 9 September each year in honour of the heavenly saviours.

Source miraculeuse

Il y eut de nombreuses églises à l'intérieur de la forteresse. Le plus petit édifice d'église est sans aucun doute la chapelle de Quirinus, partiellement construite dans le rocher, qui fut érigée en 1355. Déjà à l'époque des Romains des déficients de la vue avaient fait un pèlerinage jusqu'à la source qui y prend naissance et à laquelle on attribue un effet bénéfique en cas d'affection des yeux.

Wundersame Quelle

Im Festungsbereich gab es zahlreiche Gotteshäuser. Der kleinste Kirchenbau ist zweifellos die teils

in den Fels gebaute Quirinus-Kapelle, die 1355 errichtet wurde. Zur Quelle, die dort entspringt und der heilsame Wirkung bei Augenleiden zugesprochen wird, waren schon zur Römerzeit Sehbehinderte gepilgert.

Wondrous spring

Within the fortifications there were numerous houses of God. The smallest religious building is without doubt the Quirinus Chapel built, partly into the rock, in 1355. Even in Roman times, people with defective sight made pilgrimages to the spring which rises there, with its reputed powers to heal diseases of the eyes.

---

voie marchande médiévale et le voisinage avec les artisans favorisaient l'essor du commerce.

C'est en 1166 que des documents font état pour la première fois de l'existence d'une ville nouvelle (*novum forum* = nouveau marché: le Marché-aux-Herbes de nos jours). Tout porte à croire qu'il s'agissait là d'une fondation nouvelle favorisée par le comte et qui allait recevoir dans les années à venir les lettres d'affranchissement en tant que ville. Le premier Hôtel de ville fut d'ailleurs érigé sur le Nouveau marché. Ce bâtiment, ou ce qui en subsistait, a d'ailleurs été transformé fin du XIXe siècle et incorporé dans le palais grand-ducal, la résidence de ville officielle de la famille grand-ducale. Pour protéger la ville nouvelle la petite enceinte fut complétée jusqu'en 1237.

C'est entre 1330 et 1398 que fut réalisée la grande et dernière enceinte. Ces travaux de fortification étaient financés grâce aux impôts dont le comte Jean l'Aveugle et ses successeurs avaient frappé la ville.

die Entstehung eines Handelszentrums.

Im Jahre 1166 findet erstmals eine vor der Vorburg gelegene Neustadt (*novum forum*, Neumarkt: der heutige Krautmarkt) urkundlich Erwähnung. Es scheint sich um eine mit Unterstützung des Grafen entstandene Neugründung zu handeln, die in den folgenden Jahren das Stadtrecht erhielt. Das erste Rathaus der Stadt wurde am Neumarkt gebaut. Dieses Stadthaus wurde Ende des 19. Jahrhunderts zum heutigen großherzoglichen Palast, der offiziellen Stadtresidenz der großherzoglichen Familie, umgebaut. Zum Schutz der Neustadt wurde vor 1237 die kleine Ringmauer angelegt.

Von 1330 bis 1398 wurde an der großen, letzten Ringmauer gebaut. Finanziert wurden die Befestigungen mit den Einnahmen der Steuern, die Graf Johann der Blinde und seine Nachfolger der Stadt aufgebürdet hatten. Ausgehend vom Heilig-Geist-Plateau verlief diese Ringmauer entlang des Petrußtals bis zum heutigen

transferred to the city. Out from the St. Esprit Plateau, this defensive wall extended along the valley of the River Petrusse as far as today's Boulevard Royal. There it turned to the right and stretched as far as the edge of the Alzette Valley, to follow its contours and to end after 1,855 metres at the Old Gate (the Three Towers). The Upper City had now achieved its final area of expansion, some 22.74 hectares.

In addition, the city was enlarged between 1387 and 1395 by the inclusion of the lower suburb of Grund and the Rahm Plateau. In contrast to the space between the small and the large defensive walls, which consisted for the most part of Abbey and private gardens and estates, at the grace of the Counts, the city and the Rham Plateau were densely inhabited. In this area of settlement ran the 875 metre long *Wenzelsmauer* (Wenceslas Wall), named after Wenceslas II. Large parts of the *Wenzelsmauer* have remained intact, and have been included by the National

A l'emplacement de l'actuel Palais grand-ducal se trouva le premier Hôtel de ville de la capitale, détruit en 1554 par une explosion de poudre

An der Stelle des heutigen großherzoglichen Palastes befand sich das erste Rathaus der Stadt, welches 1554 durch eine Pulverexplosion zerstört wurde

On the site of today's Grand Ducal Palace the first City Hall was situated (in 1554 it was destroyed in a powder explosion)

Partant du plateau du St-Esprit, cette enceinte suivait la vallée de la Pétrusse jusqu'à l'actuel boulevard Royal. A cet endroit elle tournait à droite jusqu'au bord de la vallée de l'Alzette dont elle empruntait les méandres pour déboucher après 1.855 mètres sur la Vieille Porte (les "Trois Tours"). C'est ainsi que la Ville Haute avait atteint son extension définitive de 22,74 hectares.

En sus, la ville était aggrandie entre 1387 et 1395 par l'incorporation

Boulevard Royal. Dort bog sie nach rechts ab und erstreckte sich bis zum Rande des Alzettetals, dessen Konturen sie folgte, um nach 1.855 Metern am Alttor, den "Drei Türmen", zu enden. Die Oberstadt hatte nun ihre endgültige Ausdehnung von 22,74 Hektar erreicht.

Zusätzlich wurde die Stadt zwischen 1387 und 1395 durch den Einschluß der Unterstadt Grund und des Rhamplateaus erweitert. Im Gegensatz zu dem Raum zwischen klei-

Monuments Authority in a cultural-historical circuit. This pathway is part of UNESCO's World Heritage, under the motto "1000 years in 100 minutes".

The construction of this fortification fell at the same time as the advent of a new weapon, the firearm. As early as 1324 Count John the Blind was involved, with his artillery, in the siege of the French city of Metz. The accounts register of the City Architect mentions, from 1390,

du faubourg du Grund et du plateau du Rham. Contrairement à l'espace situé entre la petite et la grande enceinte, qui comprenait surtout des jardins appartenant aux couvents ou à des particuliers, des arrière-cours et le domaine des comtes, le Grund et le plateau du Rham étaient densement peuplés. Cette zone d'habitation était parcourue par le mur de Wenceslas, long de 875 mètres et dont le nom évoque Wenceslas II. Des parties importantes de cet ouvrage ont été préservées jusqu'à nos jours et elles ont été incorporées dans un circuit pédestre historique et culturel ("1000 ans en 100 minutes") qui est partie intégrante du périmètre bénéficiant du label Patrimoine culturel mondial de l'Unesco.

Il faut souligner le fait que la réalisation de cette partie des fortifications coïncidait avec l'apparition d'un nouveau type d'armes, les armes à feu. Déjà en 1324, le comte Jean l'Aveugle avait participé avec son artillerie au siège de la ville de Metz. Les registres comptables des architectes de la ville relatent à partir de 1390 la mise en place de canonnières, respectivement l'achat de boulets en pierre.

La fin du règne de la Maison de Luxembourg

Prise surprise par les Bourguignons

La politique des comtes et ducs de Luxembourg, qui étaient en même temps rois de Bohème, nécessitait des sommes énormes qu'ils se procuraient en hypothéquant les revenus

ner und großer Ringmauer, der größtenteils aus Kloster- und Privatgärten, Höfen und dem Bann der Grafen bestand, waren Stadtgrund und Rhamplateau dicht besiedelt. In diesem Siedlungsbereich verlief die 875 Meter lange Wenzelsmauer, benannt nach Wenzel II. Große Teile der Wenzelsmauer sind erhalten geblieben, so daß die Denkmalschutzbehörde sie in einen kulturhistorischen Rundgang mit einbeziehen konnte. Dieser Wanderweg unter dem Motto "1000 Jahre in 100 Minuten" ist Teil des Unesco-Weltkulturerbes.

Der Bau dieser Befestigung fiel zeitlich zusammen mit dem Aufkommen einer neuen Waffe: der Feuerwaffe. Bereits 1324 beteiligte sich Graf Johann der Blinde mit seiner Artillerie an der Belagerung der französischen Stadt Metz. Die Rechnungsregister der städtischen Baumeister erwähnen ab 1390 den Einbau von Geschützscharten bzw. den Ankauf von Steinkugeln.

Das Ende der Luxemburger Herrschaft

Überrumpelung durch die Burgunder

Die Politik der Luxemburger Grafen und Herzöge, die auch König von Böhmen waren, verschlang ungeheure Summen, die durch die Verpfändung der Einkünfte und gan-

the fitting of gun ports, and the purchase of stone balls.

The end of Luxembourg power

Surprise attack by the Burgundians

The policies of the Luxembourg Counts and Dukes, who were also Kings of Bohemia, devoured enormous sums of money, which were raised by the pledging of income and complete sections of the Earldom. Elisabeth of Görlitz, the last mortgagee, found herself in financial difficulties. In 1442 she surrendered her powers to her nephew, Philip the

Le comte
Pierre Ernest de
Mansfeld était de 1545
à 1604 le gouverneur
du roi d'Espagne au
Luxembourg

Graf Peter
Ernst von Mansfeld
war von 1545 bis 1604
Gouverneur des
Königs von Spanien in
Luxemburg

Count Peter
Ernst von Mansfeld
was the Governor of
Luxembourg for the King
of Spain from 1545
until 1604

Vue de
**Luxembourg réalisée
par Braun et Hogenberg
en 1598**

Luxemburg-
**Ansicht von Braun und
Hogenberg aus dem
Jahre 1598**

View of
**Luxembourg by Braun
and Hogenberg from the
year 1598**

et des parties entières du comté, respectivement du duché. Elisabeth de Görlitz, la dernière propriétaire douarière, finissait elle-même par avoir des ennuis financiers. Elle s'en sortait en cédant en 1442 le gouvernement à son neveu Philippe le Bon de Bourgogne, qui se montrait très intéressé à l'acquisition du duché. Une révolte des Luxembourgeois contre Elisabeth servait de prétexte au passage définitif sous contrôle bourguignon de la ville et du duché en novembre 1443.

Il y avait dans la ville 800 soldats allemands et bohémiens. Ils étaient incapables de s'opposer efficacement à l'attaque-surprise de 2.500 soldats bourguignons. Pour couvrir leur repli vers le château, les défenseurs mirent

zer Teile der Grafschaft aufgebracht wurden. Elisabeth von Görlitz, die letzte Pfandbesitzerin, geriet selbst in Geldnot. 1442 übertrug sie die Regierungsgeschäfte ihrem Neffen Philipp dem Guten von Burgund, der seinerseits an einem Erwerb des Herzogtums interessiert war. Ein Aufstand der Luxemburger gegen Elisabeth lieferte den Vorwand für die endgültige Übernahme der Stadt und des Herzogtums durch die Burgunder im November 1443.

In der Stadt befanden sich 800 deutsche und böhmische Soldaten. Sie konnten der Überrumpelung durch 2.500 Burgunder keinen großen Widerstand entgegensetzen. Um ihren Rückzug in die Burg zu sichern, steckten die Verteidiger die

Good of Burgundy, who for his part was interested in the acquisition of the Duchy. A rebellion by the Luxembourg people against Elisabeth provided the excuse for the final take-over of the city and the Duchy, in November 1443.

In the city there were 800 German and Bohemian soldiers. They could offer but little resistance to the surprise attack by 2,500 Burgundians. In order to make safe their retreat, the defenders set fire to the buildings around the Fish Market. The fortress eventually capitulated on 11 December.

The time of Burgundy-Habsburg (1477-1555)

The citizens paid socage

In 1477, Maria, the only daughter of the last Duke of Burgundy, Charles the Bold, married the Archduke Maximilian of Austria. Up until 1477 parts of the great defensive wall were heightened and strengthened, as well as being equipped with further towers. The city was several times made ready to defend, for which the citizens had to pay socage.

From 1477 new, specific artillery fortifications were built. The range of the artillery called for an adjustment from vertical to horizontal flanking. The height of the walls was reduced. At the same time their thickness was increased, the better to be able to withstand direct

Le pont
de l'Alzette au
Pfaffenthal (à gauche);
homme de pied
espagnol avec sa lance,
1577

Alzette-Brücke
im Pfaffenthal (links);
spanischer Fußsoldat
mit Lanze, 1577

The Alzette Bridge
in the Pfaffenthal (left);
Spanish infantryman
with lance, 1577

le feu aux maisons situées autour du Marché-aux-Poissons. Le château se rendait à l'envahisseur seulement le 11 décembre.

Häuser um den Fischmarkt in Brand. Die Burg ergab sich erst am 11. Dezember.

L'époque des Bourguignons et des Habsbourg (1477-1555)

Les citoyens sont acculés à la corvée

Marie, la fille unique du dernier duc de Bourgogne, Charles le Téméraire, épousa en 1477 l'archiduc Maximilien d'Autriche. Jusqu'en 1477 on avait procédé au renforcement et à l'agrandissement de l'enceinte principale, dotée en même temps de tours supplémentaires. A plusieurs reprises la ville dût être mise en état de défense, ce qui entraînait la mise à contribution des citoyens.

A partir de 1477 de nouvelles fortifications, adaptées aux besoins spécifiques de l'artillerie, virent le jour. La portée des canons exigeait

Burgundisch-habsburgische Zeit (1477-1555)

Die Bürger leisten Frondienst

Maria, die einzige Tochter des letzten Burgunderherzogs Karls des Kühnen, heiratete 1477 den Erzherzog Maximilian von Österreich. Bis 1477 waren Teile der großen Ringmauer erhöht und verstärkt sowie mit weiteren Türmen versehen worden. Die Stadt wurde mehrmals verteidigungsbereit gemacht, wobei die Bürger Frondienste leisten mußten.

Ab 1477 entstanden neue, spezifische Artilleriebefestigungen. Die Reichweite der Geschütze erforderte eine Umstellung von der vertikalen zur horizontalen Flankierung. Die

Homme de pied Espagnol avec sa lance.
1577.

Porte fortifiée érigée par Vauban au Pfaffenthal (à droite); rempart du mur de Wenceslas (en bas)

Von Vauban errichtetes Verteidigungstor im Pfaffenthal (rechts); Wehrgang der Wenzelsmauer (unten)

Defensive gateway built by Vauban in the Pfaffenthal (right); fortified passage in the *Wenzelsmauer* (below)

une transition du flanquement vertical au flanquement horizontal. La hauteur des murs fut diminuée. En même temps leur épaisseur était renforcée pour mieux résister au tir frontal et pour pouvoir créer des plate-formes pour les canons. Des chambres de tir étaient aménagés dans les flancs des tours d'artillerie qui permettaient le balayement du pied des murailles. Des fossés plus larges servaient à tenir à distance des murs l'adversaire le plus longtemps possible.

Deux exemples illustrent cette nouvelle approche: il s'agit de la tour d'artillerie Jost et du boulevard Marie. Là où la grande enceinte quittait le bord de la vallée de la Pétrusse, était réalisé, par prolongement de la tour dans le fossé, le bastion Jost, ainsi nommé en raison de la proximité de la chapelle du même nom.

Devant la porte des Juifs, juste en bas de l'inflexion de l'enceinte circulaire (là où passe aujourd'hui l'avenue Emile Reuter entre le boulevard Royal

Höhe der Mauern wurde verringert. Gleichzeitig nahm die Mauerdicke zu, um dem direkten Beschuß besser widerstehen zu können und um Geschützplattformen zu schaffen. Geschützstände in den Flanken der neuen Bollwerke erlaubten es, den Fuß der Mauern zu beschießen. Breitere Gräben hielten den Gegner länger von der Mauer entfernt.

Zwei Beispiele dazu sind die Bollwerke Jost und Marie. Dort, wo die große Ringmauer vom Rand des Petrußtals abwich, entstand durch die Verlängerung des Eckturmes in den Graben hinein das Bollwerk Jost. Die in der Nähe gelegene St. Jost-Kapelle gab dem Bollwerk den Namen.

Vor dem Judentor, unterhalb des Knicks in der Ringmauer (in der heutigen Avenue Emile Reuter zwischen Boulevard Royal und Boulevard du Prince Henri), wurde das kreisrunde Bollwerk

bombardment, and to create artillery platforms. Gunnery emplacements in the flanks of the new bulwarks allowed covering fire to the foot of the

et le boulevard du Prince Henri), était aménagé le boulevard Marie en forme de cercle à l'image d'une barbacane.

La construction de ces ouvrages dans ces endroits n'était pas le fruit du hasard. En effet, c'était uniquement en plaine qu'un adversaire pouvait se rapprocher de façon ordonnée et mettre en place ses pièces d'artillerie lourde suffisamment près pour espérer ouvrir des brèches dans les fortifications.

Les événements de 1542 à 1544

Tirs de canon par-dessus la vallée de la Pétrusse

Des quatre guerres entre l'empereur Charles Quint et le roi

Marie, ähnlich einer Barbakane, angelegt.

Der Bau der erwähnten Bollwerke, ausgerechnet in diesem Abschnitt, geschah aus gutem Grund. Denn nur in der Ebene konnte ein Angreifer sich geordnet nähern und seine schweren Geschütze so nahe aufstellen, daß er die Mauern brechen konnte.

Die Ereignisse von 1542 bis 1544

Kanonen feuern über das Petrußtal hinweg

Von den vier Kriegen, die Kaiser Karl V. und König Franz I. von Frankreich miteinander führten, wurde Luxemburg nur durch jenen

walls. Wider moats held the enemy that much further away from the walls.

Two examples of this are the bulwarks of Jost and Marie. There, where the great defensive wall turned away from the edge of the Petrusse Valley, the Jost gun tower was built by extending the corner tower into the moat. The nearby Chapel of St. Jost gave the tower its name.

In front of the Jews Gate, below the bend in the defensive wall (in today's Avenue Emile Reuter, between the Boulevard Royal and the Boulevard du Prince Henri), the circular Marie bulwark was built, similar to a barbican.

The building of these bulwarks, so far as this section is considered, was for good reasons. It was only on the

Les circuits de la forteresse mènent également dans la vallée verdoyante de la Pétrusse

Wer auf den Spuren der Festung wandelt, gelangt auch ins begrünte Petrußtal

Whoever wanders over the traces of the fortress, also enters the verdant Petrusse Valley

Le **labyrinthe des casemates s'enfonce jusqu'à une profondeur de 40 mètres**

Das **Kasemattenlabyrinth reicht bis in eine Tiefe von 40 Metern**

The **labyrinth of the Casemates extends to a depth of 40 metres**

François Ier de France, seule celle de 1542 à 1544 affectait directement Luxembourg.

Le 30 août, une armée française de 600 cavaliers et de 4.800 fantassins, commandée par Charles, duc d'Orléans et fils du roi, apparaissait devant Luxembourg. L'artillerie française prenait sous son feu la ville, d'abord sans grand succès, en tirant par-dessus la vallée de la Pétrusse. Ensuite, on mettait en place entre Jost et Marie huit canons qui concentraient leur tir sur un seul point de la muraille et parvenaient effectivement à ouvrir une brèche.

On ne pouvait avoir guère recours à l'artillerie de la forteresse comme la majorité des réserves de

von 1542 bis 1544 direkt berührt.

Am 30. August 1542 erschien ein französisches Heer von 600 Reitern und 4.800 Fußsoldaten unter Karl, Herzog von Orléans, dem Sohn des Königs, vor Luxemburg. Französische Artillerie beschoß die Stadt, zunächst erfolglos, über das Petrußtal hinweg. Dann wurden zwischen den Bollwerken Jost und Marie acht Geschütze in Stellung gebracht, die ihr Feuer auf einen einzigen Punkt der Stadtmauer konzentrierten und eine Bresche in die Mauer schossen.

Die Festungsgeschütze konnten kaum eingesetzt werden, da man den größten Teil der Pulvervorräte bereits nach Thionville ausgelagert hatte. Als die Verteidiger begannen,

plain that an attacker could approach sufficiently well to set up his heavy artillery so close that it could break the walls.

The events from 1542 to 1544

Canons fired away over the Petrusse Valley

Of the four wars which were fought between Emperor Charles V and King Francis I of France, Luxembourg was only directly affected by that from 1542 to 1544.

On 30 August 1542 a French army of 600 cavalry and 4,800 foot soldiers, under Charles, Duke of Or-

poudre avaient été transférées à Thionville. Quand les défenseurs essayèrent d'aménager une retirade derrière la brèche, les citoyens exigeaient l'arrêt du combat inégal. Ils abandonnaient leurs postes pour se rendre.

Mais au lieu de mettre à profit cette victoire rapide en rejoignant comme prévu avec ses troupes celles du duc de Clève, un allié de la France, pour continuer ensemble la campagne, le duc d'Orléans se retirait subitement en direction de la France. Il laissait sur place une garnison de 2.200 mercenaires allemands et français. Huit jours plus tard la ville était libérée par les troupes impériales. Une année après, le 10

hinter der Bresche eine neue Verschanzung anzulegen, forderten die Bürger die Einstellung des ungleichen Kampfes. Sie verließen ihre Posten, um sich zu ergeben.

Anstatt sich nach diesem schnellen Sieg, wie vorgesehen, mit dem Herzog von Kleve, einem Verbündeten Frankreichs, zu vereinen und den Feldzug fortzusetzen, zog sich der Herzog von Orléans plötzlich nach Frankreich zurück. Er hinterließ eine Garnison von 2.200 deutschen und französischen Söldnern. Acht Tage später wurde die Stadt von den kaiserlichen Truppen befreit.

Ein Jahr später, am 10. September 1543, konnte der Herzog von Orléans die Stadt erneut und auf die

leans, the King's son, marched on Luxembourg. French artillery fired at the city, at first without success, from away over the Petrusse Valley. Then eight guns were brought into position between Jost and Marie, combining their fire on one single point in the city wall, to force a breach in it.

The fortress guns could hardly be deployed, since the major portion of the stock of powder had already been evacuated to Thionville. When the defenders began to construct a retrenchment behind the breach, the citizens demanded a cessation of the unequal battle. They abandoned their posts, in order to surrender.

After this rapid victory, instead of

La crypte archéologique des casemates du Bock (à gauche);

après le démantèlement de la forteresse, le réseau des casemates fut réduit à 17km (à droite)

Archäologische Krypta in den Bock-Kasematten (links);

nach der Schleifung der Festung blieben 17km Kasemattengänge übrig (rechts)

Archaeological Crypt in the Bock Casemates (left);

after the dismantling of the fortress there remained 17km of galleries (right)

septembre 1543, le duc d'Orléans parvenait à reprendre la ville exactement de la même manière qu'une année auparavant.

Les opinions divergeaient d'ailleurs sur la valeur militaire de la ville et sur son avenir. Les officiers du duc

gleiche Weise wie im Vorjahr einnehmen.

Über den militärischen Wert der Stadt und ihre Zukunft bestanden große Meinungsunterschiede. Die Offiziere des Herzogs fanden, Luxemburg sei zu weit entfernt von

Pont du château (en haut) et "Dent creuse" (page de droite)

Schloßbrücke (oben) und "Hohler Zahn" (rechte Seite)

Castle Bridge (above), and the "Hollow Tooth" (right page)

étaient d'avis qu'elle était trop éloignée de la France, donc difficile à approvisionner. En plus, les fortifications seraient vétustes et délabrées. Ils proposaient de les démanteler purement et simplement et de fortifier Arlon (dans l'actuelle Belgique) en lieu et place de Luxembourg, parce que cette ville constituait à leurs yeux un emplacement plus favorable. Mais le roi nourissait ses propres projets. Le 28 septembre il se rendait en personne à Luxembourg pour inspecter sa nouvelle conquête.

Entretemps, Charles Quint avait réussi à battre le duc de Clève et à lui dicter ses conditions pour la paix. Il envisageait maintenant de reconquérir la place forte de Landrecies dans le nord de la France pour ensuite tenter une percée en France. François Ier quitta Luxembourg en laissant sur place, à côté d'une garnison de 2.050 hommes, son ingénieur italien Girolamo Marini avec 100 ou 120 "autres Italiens". Ils

Frankreich und daher schwer zu versorgen. Die Befestigungen seien veraltet und in schlechtem Zustand. Sie schlugen vor, die Stadtmauern zu schleifen. An Stelle Luxemburgs sollte Arlon (im heutigen Belgien), das in ihren Augen eine günstigere Lage aufwies, neu befestigt werden. Der französische König hatte jedoch seine eigenen Pläne und reiste am 28. September persönlich an, um seine neueste Eroberung zu begutachten.

Inzwischen hatte Kaiser Karl V. den Herzog von Kleve besiegt und zum Frieden gezwungen. Nun wollte er die Festung Landrecies in Nordfrankreich zurückerobern und anschließend nach Frankreich hineinstoßen. Als der französische König Franz I. Luxemburg verließ, blieben, neben einer Garnison von 2.050 Mann, sein italienischer Ingenieur Girolamo Marini mit 100 oder 120 "andern Italienern" zurück, um die Stadt nach den neuen italienischen Methoden zu befestigen.

joining together with the Duke of Cleve, an ally of France, as planned, and continuing the campaign, the Duke of Orleans suddenly withdrew to France. He left a garrison of 2,200 German and French soldiers. Eight days later the city was freed by the Imperialists.

A year later, on 10 September 1543, the Duke of Orleans was able to capture the city once more, and in the same manner as the previous year.

There existed great differences of opinion as to the military worth of the city, and its future. The Duke's officers found that Luxembourg was too far away from France and therefore difficult to supply. The fortifications were antiquated and in poor condition. They suggested that the city walls be raised to the ground. In place of Luxembourg, Arlon (today in Belgium), which in their eyes boasted a more favourable position, should be newly fortified. However, the French King had his own plans, and made the journey in person on 28 September to examine his latest conquest.

In the meantime Emperor Charles V had defeated the Duke of Cleve and forced peace. Now he wanted to reconquer the fortress of Landrecies in Northern France, and afterwards to push into France. When King Francis I left, there remained behind, together with a garrison of 2,050 men, the Italian engineer Girolamo Marini with 100 or 200 "other Italians", to fortify the city according to the new Italian method.

On 12 November the city was surrounded by Imperial troops. The

Le
siège de 1684

Die
Belagerung von 1684

The
siege of 1684

avaient pour mission d'améliorer les fortifications de Luxembourg d'après les nouvelles méthodes italiennes.

A partir du 12 novembre, la ville était encerclée par les troupes impériales. Les Français avaient profité du temps qui s'était écoulé entre leur reconquête et le nouveau siège pour renforcer les murs et les fortifications. Par manque d'artillerie, les troupes impériales se limitaient dans un premier temps à un simple encerclement. Mais peu à peu elles augmentaient la pression. Plusieurs tentatives de prendre d'assaut le château échouaient. Le faubourg du Grund était détruit en grande partie. La mauvaise saison ne facilitait guère la

Am 12. November wurde die Stadt von den kaiserlichen Truppen umzingelt. Die Franzosen hatten die Zeit genutzt, um die Mauern und Bollwerke zu verstärken. Aus Mangel an Geschützen beschränkten sich die Belagerer sich anfangs auf eine bloße Einschließung der Stadt. Nach und nach verstärkten sie den Druck. Mehrere Versuche, die Burg zu stürmen, mißlangen. Weite Teile der Unterstadt Grund wurden zerstört. Als Mitte Januar 1544 ein französisches Entsatzheer nahte, mußte die Belagerung aufgehoben werden. Doch die Franzosen wechselten lediglich die Besatzung aus und brachten neue Vorräte mit, um sich anschließend

French had used their time to strengthen the walls and bulwarks. Due to a lack of guns the besiegers restricted themselves at first to a mere confinement of the city. Gradually they increased their pressure. Several attempts to storm the fortress failed. Broad areas of the lower suburb of Grund were destroyed. When in the middle of January 1544 a French army of relief came near, the siege had to be lifted. The French simply replaced the occupying army and brought in new provisions, in order to withdraw again into their winter quarters. Four months later the city was surrounded once more. It surrendered on 5 June.

tâche des assiégeants et lorsqu'une armée française de secours s'approchait vers la mi-janvier 1544, ils se voyaient contraints de lever le siège. Les Français, quant à eux, se contentaient d'échanger la garnison et de réapprovisionner la ville pour se retirer ensuite dans leurs quartiers d'hiver. Quatre mois plus tard la ville était à nouveau encerclée pour se rendre le 5 juin.

La ville fortifiée devient forteresse

Les événements des dernières deux années avaient amplement démontré que les murailles du Moyen Age n'étaient plus en mesure, malgré toutes les adaptations, de résister efficacement aux pièces d'artillerie modernes dotées désormais de boulets en fonte. La même expérience avait déjà été faite un demi-siècle plus tôt en Italie lorsqu'une armée française bien équipée, sur son chemin vers Naples, démolissait en un temps record les vieilles fortifications de toutes les villes qui essayèrent de lui résister.

Sous la contrainte de mettre en place le plus rapidement possible de nouvelles fortifications plus résistantes, de nouvelles solutions devaient être envisagées. Parmi celles-ci, l'élimination des angles morts, provoqués par les tours carrées et rondes, était particulièrement urgente. Pour ce faire, on avait recours à des plate-formes pentagonales, qu'on appelait bastions en flèche. Elles étaient aménagées de sorte à permettre l'extension du champ de tir à toutes leurs parties frontales et leurs

Le
maréchal français Créqui

Der
französische Marschall Créqui

The
French marshal Créqui

wieder in ihre Winterquartiere zurückzuziehen. Vier Monate später wurde die Stadt wiederum eingeschlossen. Sie ergab sich am 5. Juni.

Die befestigte Stadt wird zur Festung

Die Ereignisse der letzten beiden Jahre hatten gezeigt, daß die mittelalterlichen Stadtmauern, trotz aller Anpassungen, den modernen Geschützen, mit ihren nunmehr schweren, eisernen Kugeln, keinen nennenswerten Widerstand mehr leisten konnten. Die gleiche Erfahrung war bereits ein halbes Jahrhundert vorher

The fortified city becomes a fortress

The events of the previous two years had shown that the medieval city walls could no longer put up any noteworthy resistance against modern weapons, with their now heavier iron balls. The same experience had been made half a century before in Italy, when a well equipped French army on its ways to Naples, easily destroyed the old fortifications of every city which tried to resist.

Under pressure quickly to construct new, more robust fortifications, new solutions had to be found. Among these belonged the elimina-

La *Dinselpuert,* **également nommée** **Vieille porte de Trèves**

Die *Dinselpuert,* **auch Altes Trierer Tor genannt**

The *Dinselpuert,* **also known as the Old Trier Gate**

flancs en éliminant les angles morts. Elles étaient reliées entre elles par des courtines, qui consistaient d'abord en des murs en pierre massive et puis en des remparts en terre encadrés par des murs en pierre. Ce système à bastions était propagé un peu partout par des architectes et ingénieurs italiens. Ils suscitaient une floraison d'écoles qui adaptaient la méthode aux conditions locales tout en la développant. Ce système continuait à être appliqué jusqu'au XIXe siècle.

Dans le cas de Luxembourg la transformation des fortifications prenait près de 140 ans. C'était Girolamo Marini, laissé à Luxembourg par le roi de France en 1543, qui entamait les premiers travaux de modernisa-

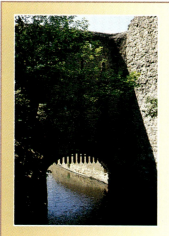

Claire-voie fermée

Les claires-voies dans le canal devaient éviter à tout un chacun de pénétrer dans la forteresse par voie d'eau. Ainsi, le soir on ne fermait pas uniquement les portes, mais les claire-voies étaient également abaissées. Maint soldat non ponctuel devait donc utiliser d'une ruse après une visite prolongée dans les bistrots pour ne pas devoir passer la nuit à l'extérieur de la forteresse. Un copain éloignait la sentinelle du mur et le retardataire plongeait et passait en secret et à la nage en-dessous de la claire-voie.

Gatter geschlossen!

Kanalgatter sollten verhindern, daß jemand über den Wasserweg in die Festung hineindringen konnte. So wurden abends nicht nur die Tore geschlossen, auch die Gatter wurden herabgelassen. Manch unpünktlicher Soldat mußte sich nach verlängertem Kneipenbesuch also etwas einfallen lassen, um die Nacht nicht außerhalb der Festung verbringen zu müssen. Ein Kumpan lockte den Wachposten von der Mauer weg, und der Nachzügler ging auf Tauchstation und schwamm heimlich unter dem Gatter hindurch.

Gate closed!

Canal gates were intended to prevent anyone penetrating the fortress by means of the waterways. So in the evenings, not only were the gateways closed, but the gates themselves were lowered. Many an unpunctual soldier, after prolonged visits to one of the local bars, had to go to some lengths to avoid spending the night outside the fortress. A chum would lock away the sentry, and the latecomer would go to a place convenient to dive in, and swim secretly underneath the gate, and into the safety of the fortress.

in Italien gemacht worden, als ein modern ausgerüstetes französisches Heer auf seinem Weg nach Neapel die alten Befestigungen aller Städte, die Widerstand zu leisten versuchten, in kürzester Zeit zerstörte.

Unter dem Zwang, rasch neue, widerstandsfähigere Befestigungen anzulegen, mußten neue Lösungen gefunden werden. Dazu gehörte die Beseitigung der toten Winkel. Es entstanden fünfeckige Plattformen, Spitzbastionen genannt, die so angeordnet wurden, daß sie gegenseitig alle ihre Stirnseiten und Flanken ohne tote Winkel beschießen konnten. Unter-

tion of the blind-spot, which up until then had been formed by the rectangular and round towers. Five-cornered platforms were erected, called arrow-head or pentagonal bastions, which were so arranged that they could cover all of each other's facades and flanks, without any such blind-spots. They were connected to each other by curtains, first of all just massive stone walls, which were later superseded by earthen ramparts mounted with stone walls. The system of bastions thus created was spread abroad by Italian architects and engineers, and new schools were

tion. Travaillant dans une ville assiégée, il ne pouvait pas procéder de façon systématique et était obligé de s'adapter aux activités des assiégeants. C'était sous sa régie qu'était réalisé en bas du Marché-aux-Poissons et en face du château le bastion du château, probablement comme réaction à la tentative des troupes impériales de forcer leur entrée dans la ville de ce côté-là.

Après le retrait des Français on commençait d'abord par réparer les dégats en érigeant ensuite de nouveaux bastions, surtout du côté de la plaine. Face à l'Arsenal était construit ainsi à partir de 1544 la première plate-forme *Imperialle* (appelée plus tard Marie). Le fossé était élargi de 13

einander verbunden waren sie durch Kurtinen, anfangs noch massive Steinmauern, die später durch Erdwälle, die von Steinmauern eingefaßt waren, abgelöst wurden. Das so entstandene Bastionensystem wurde von italienischen Ingenieuren im Ausland verbreitet, wo sich neue Schulen bildeten, die das System den lokalen Verhältnissen entsprechend weiterentwickelten. Es sollte bis ins 19. Jahrhundert Anwendung finden.

Im Falle Luxemburgs dauerte die Umstellung fast 140 Jahre. Begonnen hat sie Girolamo Marini, den der französische König im September 1543 in der Stadt zurückgelassen hatte. Da er in einer belagerten Stadt arbeiten mußte, konnte er nicht

founded which further developed the system to take into account local conditions. It continued to be applied up until the 19th century.

In the case of Luxembourg the arrangement lasted for almost 140 years. They were commenced by Girolamo Marini, who had been left behind in the city by the French King in September 1543. Since he had to work in a besieged city, he was not able to proceed systematically, but rather he was forced to fit in with the activities of the besiegers. Under his direction, the castle bastion was built, below the Fish Market, opposite the castle, possibly as a reaction to the attempts of the Imperial troops to pioneer this way into the city.

Faubourg du Grund: maisons restaurées le long de l'Alzette

Stadtgrund: restaurierte Häuser entlang der Alzette

The *Stadtgrund*: restored houses on the banks of the Alzette

After the departure of the French, work was commenced on repairing the damage and building new bastions. above all on the plain. The first bastion to be built here, from 1544, was the *Imperialle* platform (later Marie) in front of the Arsenal. The moat was widened from 13 to 30 metres, and the existing towers and

Le circuit de Wenceslas longe le centre d'exposition du *Tutesall*

Der Wenzel-Rundgang führt am Ausstellungszentrum *Tutesall* vorbei

The Wenzel Circuit leads past the *Tutesall* exhibition centre

à 30 mètres, les tours et fortifications existantes à hauteur des soubassements. Comme seul lieu de passage était maintenue la porte des Juifs.

Quand en 1547, Marie de Hongrie, gouverneur des Pays-Bas, visitait le pays, les citoyens lui firent don de 3.000 florins. Elle remettait immédiatement à disposition de la ville cette somme en vue de la construction de l'ouvrage *Alta Maria* (appelé plus tard cavalier Berlaimont).

Tout autour de la ville furent réalisés (dans le sens des aiguilles d'une montre à partir d'*Imperialle*) les ouvrages suivants: *Egmont, del Provosto, il conte Mansfelt* et *del Principe* qui à la suite furent débaptisés en bastions St-Esprit, Louis, Beck et Jost respectivement. Entre 1551 et 1556 on avait dépensé pas moins de 140.000 livres flamandes pour la réalisation des nouvelles fortifications. C'est aussi à

systematisch vorgehen, sondern war gezwungen, sich den Aktivitäten der Belagerer anzupassen. Unter seiner Regie entstand unterhalb des Fischmarkts, gegenüber der Burg, die Schloßbastion, möglicherweise als Reaktion auf die Versuche der kaiserlichen Truppen, sich auf diesem Weg in die Stadt vorzukämpfen.

Nach dem Fortzug der Franzosen begann man mit der Ausbesserung der Schäden und dem Bau neuer Bastionen, vor allem in der Ebene. Als erste Bastion entstand hier ab 1544 die Plattform *Imperialle* (später Marie) vor dem Arsenal. Der Graben wurde von 13 auf 30 Meter verbreitert, die bestehenden Türme und Bollwerke bis auf die Höhe der Mauern abgetragen. Das Judentor blieb als einziger Durchlaß erhalten.

Anläßlich eines Besuchs Maria von Ungarns, der Statthalterin der

cette époque que remonte le plus vieux plan de la forteresse qui subsiste jusqu'à nos jours. Nous le devons à l'ingénieur Giovanni Maria Olgiati qui séjournait en mai 1553 à Luxembourg en tant qu'inspecteur des fortifications frontalières entre les possessions habsbourgeoises et la France.

Le 11 juin 1554 se produisit une

Niederlande, im Jahre 1547, überreichten ihr die Bürger ein Geldgeschenk von 3.000 Gulden. Diese Summe stellte sie sofort für den Bau des Werks *Alta Maria* (später Kavalier Berlaimont) zur Verfügung.

An den übrigen Seiten der Stadt wurden (im Uhrzeigersinn ab *Imperialle*) folgende Werke angelegt: *Eg-*

bulwarks were levelled down to the height of the walls. The Jews Gate remained as the only way through.

On the occasion of a visit by Maria of Hungary, the Governor of the Netherlands, in the year 1547, the citizens presented her with a monetary gift of 3,000 Florins. She immediately made this sum available for the building of

Conformément à la charte de l'UNESCO, des matériaux de construction modernes furent également utilisés lors de la restauration du mur de Wenceslas

Gemäß Unesco-Charta wurden bei der Instandsetzung der Wenzelsmauer auch neuzeitliche Baumaterialien verwendet

In accordance with the UNESCO Charter contemporary building materials were used in the renovation of the *Wenzelsmauer*

catastrophe. Un coup de foudre avait déclenché un incendie qui faisait détonner une grande quantité de poudre qu'on avait entreposée dans les combles de l'église des Franciscains. L'incendie se propageait très vite et finissait par ravager presque l'ensemble de la Ville Haute.

L'empereur confiait à l'ingénieur Sebastien van Oyen la mission de transformer les ruelles étroites et sinueuses en voies droites et plus larges, tout en aménageant de nouvelles tracées. Grâce à des subventions les citoyens devraient être encouragés à couvrir leurs nouvelles maisons non plus avec de la paille

mont, *del Provosto, il conte Mansfelt* und *del Principe*, aus denen später die Bastionen Heilig-Geist, Louis, Beck bzw. Jost hervorgingen. Zwischen 1551 und 1556 wurden 140.000 flandrische Pfund für die neuen Befestigungen ausgegeben. Aus dieser Zeit ist auch der älteste Festungsplan überliefert. Angefertigt wurde er vom Ingenieur Giovanni Maria Olgiati, der sich im Mai 1553, als Visitator der Grenzbefestigungen zu Frankreich in Luxemburg aufhielt.

Am 11. Juni 1554 kam es zu einer Katastrophe, als ein Blitzschlag einen Brand auslöste, woraufhin sich eine große Menge Pulver, das man im

the *Alta Maria* (later Cavalier Berlaimont) works.

On the remaining sides of the city, the following works were built (clockwise from the *Imperialle*): *Egmont, del Provosto, il conte Mansfelt* and *del Principe*, which later became the bastions of St. Esprit, Louis, Beck, and Jost. Between 1551 and 1556, 140,000 Flemish Pounds were spent on new fortifications. The oldest map of the fortifications to be handed down, is from this time. It was prepared by the engineer Giovanni Maria Olgiati, who stopped in Luxembourg in May 1553 while inspecting the Habsburg border fortifications.

ou des losanges en bois, mais avec de l'ardoise. Cependant, il se trouvait que l'argent destiné à ces fins avait surtout été utilisé pour l'aménagement de la forteresse. C'était seulement beaucoup plus tard que des compensations devaient être payées et des remises d'impôts ainsi que la dispense de toute mise à contribution accordées pour une durée de 20 ans.

Après l'incendie on procédait aussi au démantèlement complet du château sur le rocher du Bock afin de dégager un champ de tir pour le bastion du château. Le rocher du Bock devait rester inutilisé jusqu'en 1649, lorsqu'on commença à nouveau à le

Dachgeschoß der Franziskanerkirche gelagert hatte, entzündete. Das Feuer breitete sich aus und zerstörte fast die ganze Oberstadt.

Der Kaiser erteilte dem Ingenieur Sebastian van Oyen den Auftrag, die alten, krummen und schmalen Gassen zu geraden, breiten Straßen auszubauen und neue Straßen anzulegen. Zuschüsse sollten die Bürger dazu ermuntern, ihre neuen Häuser nicht wie bisher mit leicht brennbarem Stroh oder Holzschindeln, sondern mit Schiefer zu decken. Die hierfür bestimmten Gelder wurden aber für den Ausbau der Festung verwendet. Erst später wurden Entschä-

On 11 June 1554 there was a catastrophe when a bolt of lightening started a fire, which in turn ignited a large quantity of gunpowder stored in the attic of the Franciscan church. The fire spread, to destroy almost the entire Upper City.

The Emperor gave instructions to the engineer Sebastian van Oyen to straighten the ancient winding and narrow alleys, to build broad streets and also to lay out new ones. Offerings were to encourage the citizens not to roof their new houses as before, with light inflammable straw or wood shingles, but with slates. The money intended for this, however,

Les "Tourelles espagnoles" furent construites au milieu du XVIIe siécle

Die "Spanischen Türmchen" stammen aus der Mitte des 17. Jahrhunderts

The "Spanish Turrets" were erected in the middle of the 17th century

Le mur
de Wenceslas: un pont
pour piétons traverse la
rue de Trèves

Wenzelsmauer:
eine Fußgängerbrücke
führt über die Trierer
Straße

The *Wenzelsmauer*:
a pedestrian bridge leads
over the Rue de Trèves

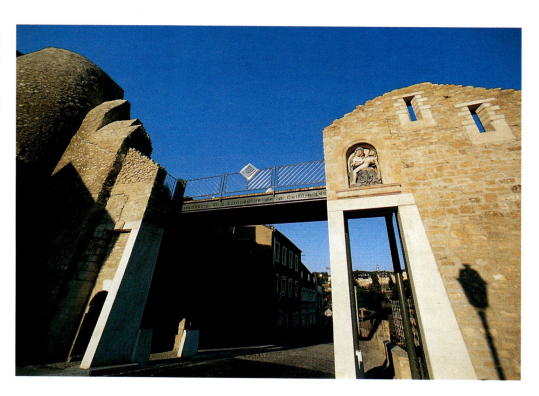

fortifier en le subdivisant en trois
parties.

Le nouvel aménagement de la
ville et de ses fortifications ne laissait
évidemment pas indifférents les
voisins. A quel point on prenait au
sérieux cette menace est illustré par
l'épisode suivant. Lorsqu'en 1571 la
reine de France rendait visite à la
ville, on poussait l'attention jusqu'au point de barrer pendant la
durée de son séjour toutes les rues
qui menaient aux remparts à l'aide
de parois en bois. Ainsi on empê-
chait les étrangers de se renseigner
sur les nouvelles fortifications.

A partir de 1616 les fortifications
donnant sur la plaine étaient renforcées une fois de plus. Dans la section

digungen ausgezahlt und den
Bürgern für 20 Jahre die Steuern
und alle Hilfsleistungen erlassen.

Nach dem Brand wurde auch
die Burg auf dem Bockfelsen voll-
ständig abgetragen, um ein freies
Schußfeld für die Schloßbastion
zu schaffen. Der Bockfelsen sollte
bis 1649 ungenutzt bleiben, um
dann, in drei Abschnitte unterteilt,
neu befestigt zu werden.

Die Neugestaltung der Stadt
und ihrer Befestigungen mußte
natürlich auch die Nachbarn inter-
essieren. Wie ernst man die Be-
drohung nahm, zeigt folgende
Episode. Als um 1571 die Königin
von Frankreich die Stadt besuchte,
ging man soweit, für die Dauer

entre la vallée de la Pétrusse et le bastion Marie on construisit deux nouveaux bastions: le bastion Albert (plus tard appelé Jost) au lieu de la tour Jost ainsi que le bastion Isabelle (plus tard Camus) à mi-chemin entre Jost et Marie. Près de la bifurcation menant vers le Pfaffenthal on érigeait devant le cavalier du même nom le bastion Berlaimont. Les courtines entre ces quatre bastions furent également rénovées. La Porte Neuve, située au milieu de la courtine reliant les bastions Marie et Berlaimont, était accessible à la circulation à partir de 1636. Quelques années plus tard, la porte des Juifs devait être murée définitivement.

Malgré le fait que les courtines étaient nettement moins élevées que les anciens murs, il fallait les protéger par des ravelins. Ces aménagements étaient conçus de telle sorte qu'ils ne

L'ingénieur militaire Vauban (1633-1707)

Festungsbaumeister Vauban (1633-1707)

Fortress engineer Vauban (1633-1707)

ihres Aufenthalts alle Straßen, die zu den Wällen führten, mit Holzwänden abzuriegeln, um Fremden den Einblick in die laufenden Arbeiten zu verwehren.

Ab dem Jahr 1616 wurde die Front der Ebene ein weiteres Mal verstärkt. Im Abschnitt zwischen dem Petrußtal und der Bastion Marie wurden zwei neue Bastionen gebaut: Bastion Albert (später Jost) anstelle des Bollwerks Jost und Bastion Isabella (später Camus) auf halber Länge zwischen Jost und Marie. An der Ecke zum Pfaffenthal entstand vor dem gleichnamigen Kavalier die Bastion Berlaimont. Die Kurtinen zwischen diesen vier Ba-

was spent on the construction of the fortress. Only later was compensation paid out, and the citizens released for 20 years from taxes and all aid contributions.

After the fire, the castle on the Bock outcrop was also completely dismantled, in order to create a clear field of fire for the castle bastion. The Bock outcrop was to remain unused until 1649, then, divided into three sections, to be newly fortified.

The redesign of the city and its fortifications had naturally to be of interest to its neighbours. How seriously such a threat was taken, was demonstrated by the following episode. When, around 1571, the Queen of France visited the city, they went

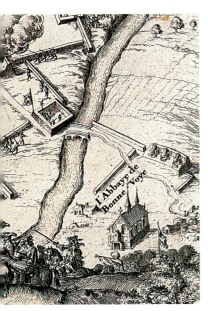

Attaque de Luxembourg par les troupes françaises

Die französischen Truppen beim Angriff auf Luxemburg

French troops during the attack of Luxembourg

Procès en toute vitesse

30.000 procès étaient menés dans la forteresse Luxembourg entre 1456 et 1700 et 20.000 personnes étaient exécutées. En 1798 la guillotine était mise en service sur le Marché-aux-Poissons (*photo*) dans la Vieille Ville. En 1821 le dernier condamné à mort y était décapité: il s'agissait de Franz Blasius de Schrassig qui avait assassiné sa femme.

Kurzer Prozeß

Zwischen 1456 und 1700 wurden in der Festung Luxemburg 30.000 Prozesse geführt und 20.000 Todesurteile vollstreckt. Im Jahre 1798 wurde auf dem Fischmarkt (*Foto*) in der Altstadt die Guillotine in Betrieb genommen. 1821 wurde der letzte Todeskandidat geköpft: es handelte sich um Franz Blasius aus Schrassig, der seine Frau ermordet hatte.

Short shrift

Between 1456 and 1700, 30,000 trials took place in the fortress of Luxembourg, and 20,000 sentences of death were carried out. In the year 1798 the guillotine came into operation in the Fish Market (*picture*), in the old part of the city. In 1821 the last condemned person was beheaded: it was one Franz Blasius from Schrassig, who had murdered his wife.

gênaient pas le tir des canons des défenseurs, tout en protégeant les fortifications contre le tir adverse.

Le but de ces installations complexes était de contraindre l'agresseur à se terrer et à s'approcher lentement de la ville, moyennant des tranchées. Lorsqu'il avait enfin réussi à s'approcher du fossé extérieur, il n'était toujours pas en mesure de prendre sous son tir le corps de place, mais il devait d'abord détruire les dehors qui les précédaient. La réalisation de la première ceinture de fortification était maintenant achevée.

stionen wurden ebenfalls erneuert. Das in der Mitte der Kurtine Marie/Berlaimont angelegte Neutor wurde 1636 für den Verkehr freigegeben. Wenige Jahre später wurde das Judentor endgültig vermauert.

Obwohl die Kurtinen einen wesentlich geringeren Aufzug hatten als die alten Stadtmauern, mußten sie zusätzlich durch Ravelins geschützt werden. Diese Grabenwerke waren so geformt, daß sie die Geschütze der Hauptwerke nicht behinderten, aber gleichzeitig deren Mauerwerk gegen feindlichen direkten Beschuß verdeckten.

so far as to cordon off all the streets which led to the ramparts with wooden walls, for the duration of her visit, in order to deny strangers any view of the works in progress.

From the year 1616, the front onto the plain was strengthened once more. In the section between the valley of the River Petrusse and the Marie Bastion, two new bastions were constructed: the Albert Bastion (later Jost) in place of the Jost gun tower, and the Isabella Bastion (later Camus) at half length between Jost and Marie. At the corner to the Pfaffenthal was built the Berlaimont Bastion in front of the cavalier of the same name. The curtains between these four bastions were likewise restored. The New Gate, built in the middle of the Marie-Berlaimont curtain, was opened for traffic in 1636. A few years later the Jews Gate was finally bricked up.

Although the curtains had an essentially more modest elevation than the old city walls, they had to be additionally protected by ravelins. These earthworks were so formed that they did not impede the weapons on the main works, but at the same time covered their masonry against the direct fire of the enemy.

It was the purpose of these complex installations to force the attacker to dig himself in and to work his way towards the city by means of saps. When he had finally managed to reach the counterscarp, he still could not bombard the actual main wall, but rather he still had to destroy the works in the ditch lying in front. The construction of the first belt of fortifications was now concluded.

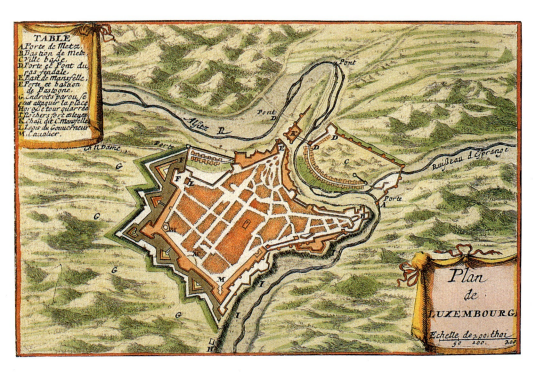

Plan
de la forteresse de
1692 (Bibliothèque
nationale)

Festungsplan
aus dem Jahre 1692
(Nationalbibliothek)

Fortress map
from the year 1692
(National Library)

Destruction sans ménagement de maisons

C'était sans ménagement que les architectes et ingénieurs militaires s'employaient à éliminer tous les obstacles qui s'opposaient à un arrangement optimal des lignes de défense. La population ne se laissait pas faire sans broncher. Entre 1671 et 1672 on

Häuser werden rücksichtslos zerstört

Die rücksichtslose Beseitigung aller Hindernisse für die Verteidigung ging nicht spurlos an der Bevölkerung vorüber. In den Jahren 1671 und 1672 wurden im Pfaffenthaler Berg 43 Häuser abgetragen, um den Zugangsweg zur Stadt übersichtlicher

Zweck dieser komplexen Anlagen war es, den Angreifer dazu zu zwingen, sich in die Erde einzubuddeln und mittels Annäherungsgräben an die Stadt heranzuarbeiten. Wenn er es endlich geschafft hatte, die äußere Grabenwand zu erreichen, konnte er noch immer nicht den eigentlichen Hauptwall beschießen, sondern er mußte zuerst die davorliegenden Grabenwerke zerstören. Der Bau des ersten Befestigungsgürtels war nun abgeschlossen.

Houses were thoughtlessly destroyed

The thoughtless removal of all obstacles to defence were not ignored by the inhabitants. In the years 1671 and 1672, 43 houses were demolished in Pfaffenthal in order to ensure a guardable access route into the city. In Grund, a further 52 houses were torn down. The occupants of the houses which were destroyed received pieces of land allocated to them in the Franciscan gardens. Thus originated what is the Place d'Armes (Parade Square) today, and the start of the Avenue Monterey, as well as the Rue Chimay and the Rue Louvigny.

For the occupation of the fortress, appreciably more troops were needed than previously. The citizens were obliged to take in a certain number of soldiers, according to the size of their houses. Living

Des
**remparts entourés de
verdure**

Bollwerke
**inmitten von dichtem
Buschwerk**

Bulwarks
**in the middle of thick
shrubbery**

détruisit dans la montée de Pfaffenthal 43 maisons pour rendre plus visible l'une des principales approches de la ville. Dans le Grund 52 maisons supplémentaires étaient démolies. Les habitants des maisons sacrifiées recevaient en guise de compensation des terrains dans le jardin des Franciscains. L'actuelle place d'Armes, tout comme une partie de l'avenue Monterey, la rue Chimay et la rue Louvigny en tiraient leur origine.

La garnison de la forteresse nécessitait de plus en plus de troupes. Les citoyens étaient obligés d'accueillir chez eux, en fonction des dimensions de leur maison, un certain nombre de soldats. La coexistence avec ces

zu gestalten. Im Stadtgrund wurden weitere 52 Häuser abgerissen. Die Bewohner der zerstörten Häuser bekamen Grundstücke im Garten der Franziskanermönche zugeteilt. So entstanden der heutige Paradeplatz (Place d'Armes), der vordere Teil der späteren Avenue Monterey sowie die Rue Chimay und die Rue Louvigny.

Für die Besetzung der Festung waren jetzt wesentlich mehr Truppen als früher nötig. Die Bürger waren verpflichtet, je nach Größe ihres Hauses eine bestimmte Anzahl Soldaten bei sich aufzunehmen. Das Zusammenleben mit diesen rauhen Gesellen auf engstem Raum war nicht einfach.

Die Front der Ebene blieb weiterhin, trotz der gewaltigen Arbeiten,

together with these rough fellows was not so easy in these most confined spaces.

Despite the colossal works which had been carried out here, the front onto the plain continued to remain the most vulnerable side of the fortress. Under the direction of the fortress architect and Commandant Louvigny, the faces of four bastions and the New Gate ravelins were additionally protected against direct fire by means of counterguards.

A measure, which was to prove useful during the siege of 1684, was the building of a second girdle of fortifications at the foot of the Glacis. In front of the bastions, four mighty towers (redoutes) were erected: Pe-

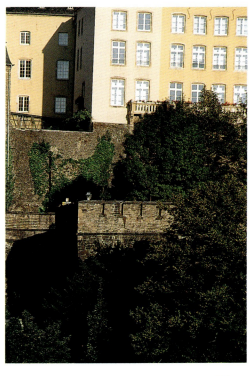

gars n'était pas toujours facile, surtout que l'espace disponible était chichement mesuré. Le front de la plaine demeurait, en dépit des travaux gigantesques y effectués, le front le plus menacé de la forteresse. Sous la conduite de l'architecte militaire et commandant Louvigny on procédait à une protection supplémentaire devant les tirs directs de la face des quatre bastions et du ravelin de la Porte Neuve en aménageant des contre-gardes. Une mesure qui devait se révéler particulièrement utile lors du siège de 1684 était l'aménagement d'une deuxième ceinture de fortifications au pied du Glacis. Les bastions étaient précédés de quatre redoutes puissantes: Pierre (devant Jost), Louvigny (devant Camus), Marie (devant Marie) et Berlaimont (devant Berlaimont). Elles étaient reliées entre elles par un chemin couvert, précédé d'un glacis.

En direction du Pfaffenthal, le flanc droit des deux enceintes était protégé par trois petites tours. La partie avancée du plateau du Rham était fortifiée à l'aide du réduit du Rham. Entre les bastions Beck et Jost on installait une fausse-braie et un ravelin (Pastetchen). Dans les parois rocheuses en bas des remparts on creusait 41 casemates.

die hier ausgeführt worden waren, die am meisten bedrohte Seite der Festung. Unter der Leitung des Festungsbaumeisters und Kommandanten Louvigny wurden auch die Facen der vier Bastionen und des Neutor-Ravelins zusätzlich durch Kontergarden vor direktem Beschuß bewahrt.

Eine Maßnahme, die sich während der Belagerung von 1684 als nützlich erweisen sollte, war der Bau eines zweiten Befestigungsgürtels am Fuße des Glacis. Vor den Bastionen wurden vier starke Türme (redoutes) errichtet: Peter (vor Jost), Louvigny (vor Camus), Marie (vor Marie) und Berlaimont (vor Berlaimont). Sie waren durch einen gedeckten Weg mit davorliegendem Glacis untereinander verbunden.

Zum Paffenthal hin war die rechte Flanke der beiden Gürtel durch drei kleinere Türme gesichert. Die Spitze des Rhamplateaus wurde durch das Rhamreduit befestigt. Zwischen den Bastionen Beck und Jost enstanden ein Niederwall und ein Ravelin (Pastetchen). In die Felswände unter den Wällen wurden 41 Geschützkasematten gehauen.

ter (in front of Jost), Louvigny (in front of Camus), Marie (in front of Marie), and Berlaimont (in front of Berlaimont). They were linked to each other, and the Glacis in front, by a covered way.

Towards Pfaffenthal, the right flank of both girdles was protected by three small towers. The point of the Rahm Plateau was fortified by the Rahm redoubt. Between the Beck and Jost bastions, were built a fausse-braie and a ravelin. Under the ramparts, 41 artillery casemates were hewn into the rock wall.

Une partie des remparts fortifiés par Vauban

Ein Teil der durch Vauban befestigten Wälle

A part of the remparts fortified by Vauban

Jeu du chat et de la souris

Suite à la guerre des Pays-Bas (1672-1678), Louis XIV formulait de nouvelles revendications territoriales à l'adresse de l'Espagne et de l'Empire germanique. Strasbourg était

Ein Katz-und-Maus-Spiel

Nach dem Holländischen Krieg (1672-1678) stellte Ludwig XIV. von Frankreich neue Gebietsansprüche an Spanien und an das Deutsche Reich. Straßburg wurde im Septem-

A cat and mouse game

After the Dutch War of 1672-1678, Louis XIV of France lay new territorial claims to Spain and the German Reich. Strasbourg was overthrown in September 1681. French

Contrastes:
"Echauguette espagnole",
Pont rouge à l'arrière-plan

Kontraste:
"Spanisches Türmchen",
im Hintergrund die Rote
Brücke

Contrast:
"Spanish Turrets", and
the Red Bridge in the
background

ber 1681 überrumpelt. Französische Truppen besetzten den größten Teil des Herzogtums und umzingelten Luxemburg. Im März 1682 wurde die Einschließung überraschend abgebrochen. Es war dies der Anfang eines Katz-und-Maus-Spiels, das bis zum Frühjahr 1684 dauern sollte.

Nachdem Spanien im Oktober 1683 Frankreich den Krieg erklärt hatte, erschien kurz vor Weihnachten eine französische Armee unter Maréchal de Créquis Kommando vor der Festung.

Die Franzosen legten zwischen

troops occupied the major part of the Duchy, and surrounded Luxembourg. In March 1682 this encirclement was surprisingly broken off. It was to be the beginning of a cat and mouse game which would last until the Spring of 1684.

After Spain had declared war on France in October 1683, a French army appeared once again before the fortress, shortly before Christmas, under the command of Maréchal de Créqui.

Between Fetschenhof and the city,

conquise en septembre 1681. Des troupes françaises occupaient la plus grande partie du duché de Luxembourg et encerclaient la ville. En mars 1682 l'encerclement était abandonné de façon assez surprenante. C'était là le début d'un jeu du chat et de la souris qui allait durer jusqu'au printemps de 1684.

Suite à la déclaration de guerre de l'Espagne à la France, une armée française sous le commandement du maréchal de Créqui faisait son apparition devant la forteresse peu avant Noël.

Les Français installaient entre Fetschenhof et la ville deux batteries avec 15 mortiers. Le bombardement commençait le matin du 22 décembre et allait durer jusqu'au 25 décembre au soir. Les Espagnols répliquaient avec quelques canons et infligeaient des pertes à l'aggresseur.

Bistros pour soldats

La route de Trèves au Grund était fameuse pour ses nombreux bistros pour soldats et ses auberges. On s'amusait par exemple très bien dans les bistrots *Im Schwarzen Raben, Haus zur Geiss, Guldenen Lambel* ou *A Kränzerches*. Le long de la route de Trèves habitaient également les maçons et charpentiers tyroliens, qui jouaient un rôle important au XVIIe et XVIIIe siècle lors de la restruction de la ville-forteresse détruite à plusieurs reprises.

Soldatenkneipen

Die Triererstraße im Grund war berühmt-berüchtigt für ihre zahlreichen Soldatenkneipen und Aubergen. Hoch her ging es beispielsweise im "Schwarzen Raben", im "Haus zur Geiss", im "Guldenen Lambel" oder "A Kränzerches". In der Triererstraße wohnten auch die Tiroler

Steinmetze und Zimmerleute, die im 17. und 18. Jahrhundert bei der Rekonstruktion der mehrmals zerstörten Festungsstadt eine wichtige Rolle spielten.

Soldiers' bars

The Rue de Trèves in the Grund was famous, indeed notorious, for its numerous soldiers' bars and inns. High on the list of these were The Black Raven, The Goat, The Golden Lamb, and The Garland. In the Rue de Trèves there also lived the Tirolean stone masons and joiners, who, in 17th and 18th century, played a most important role in the reconstruction of the fortress city, several times destroyed as it had been.

Lorsqu'ils se retiraient le 27 décembre, les Français avaient lancé 2.827 bombes et 447 projectiles incendiaires sur la ville. Presque toutes les habitations avaient été détruites, mais les fortifications avaient subi très peu de dommages.

Le siège de 1684

Le 28 avril 1684 Créqui procédait à nouveau à l'encerclement de la forteresse. Son armée comprenait

Fetschenhof und der Stadt zwei Batterien mit 15 Mörsern an. Das Bombardement begann am Morgen des 22. Dezember und dauerte bis zum 25. Dezember abends. Die Spanier antworteten mit einigen Geschützen und fügten den Angreifern Verluste zu.

Als die Franzosen am 27. Dezember abzogen, hatten sie 2.827 Bomben und 447 Brandkugeln auf die Stadt abgefeuert. Fast alle Häuser waren getroffen worden, während die Befestigungen nur wenig in Mitleidenschaft gezogen worden waren.

Parc à gibier à Clausen

Le gouverneur espagnol de la forteresse Pierre Ernest de Mansfeld (1517-1604) s'était fait construire un château de style renaissance magnifique à Clausen, dont la construction avait nécessité 30 ans. La somptueuse résidence accommodait la plus grande collection d'art du pays. Dans les vastes jardins, Mansfeld avait aménagé un parc à gibier à côté d'une importante installation de fontaines. Aujourd'hui, seules quelques sculptures dans le Musée national d'histoire et d'art ainsi que plusieurs portes à Clausen (photo) témoignent de ce splendide château.

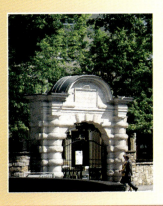

Wildgehege in Clausen

Der spanische Festungsgouverneur Peter Ernst von Mansfeld (1517-1604) hatte in Clausen ein prachtvolles Renaissance-Schloß errichten lassen, dessen Bau 30 Jahre beanspruchte. Die riesige Residenz beherbergte die größte Kunstsammlung des Landes. In den ausgedehnten Gärten hatte Mansfeld nebst einer großen Brunnenanlage ein Wildgehege eingerichtet. Heute erinnern lediglich einige Skulpturen im Nationalmuseum sowie einige Tore in Clausen (Foto) an dieses prunkvolle Schloß.

Game reserve in Clausen

The Spanish Governor of the fortress, Peter Ernst von Mansfeld (1517-1604) had erected a splendid Renaissance castle in Clausen, the building of which took some 30 years. The gigantic residence housed the greatest art collection in the country. In the well-groomed gardens, Mansfeld created, alongside a huge fountain feature, a game reserve. All that remains today of this magnificent castle are a few statues in the National Museum and several gateways in Clausen (picture).

the French set up two batteries with 15 mortars. The bombardment began on the morning of 22 December, and lasted until the evening of 25 December. The Spanish answered with their own weapons, and caused casualties among the attackers.

When the French withdrew, on 27 December, they had thrown 2,827 bombs and 447 incendiaries into the city. Almost all the houses had been hit, but the fortifications had only been slightly damaged.

The siege of 1684

On 28 April 1684 Créqui once more surrounded the fortress. His army consisted of 21,000 infantrymen and 7,000 cavalry. Within the fortress, alongside the popula-

Porte fortifiée sur la voie conduisant du faubourg du Grund jusqu'à la Ville Haute

Festungstor am Weg von der Unterstadt Grund zur Oberstadt

Fortified gate on the way from the lower suburb of Grund to the Upper City

21.000 fantassins et 7.000 cavaliers. Dans la forteresse il y avait, à côté de la population civile, environ 2.600 fantassins et de 500 à 600 cavaliers, renforcés par 300 citoyens en armes, le tout sous le commandement du comte de Chimay. Les travaux de siège étaient dirigés par Sébastien le Prestre de Vauban, le fameux ingénieur militaire du Roi-Soleil. Il était assisté de 60 autres ingénieurs. Avec l'aide de 7.000 paysans enrôlés de force et de 3.400 soldats, la forteresse était entourée d'une circonvallation et d'une contrevallation plus ou moins consistantes.

Après une reconnaissance détaillée, Vauban définissait les points d'attaque précis. A côté du point d'attaque principal sur le front de la Porte Neuve, c'est-à-dire entre les bastions Marie et Berlaimont, il suggérait encore des points d'attaque secondaires à travers le Pfaffenthal et le Grund ainsi qu'à hauteur de Bonnevoie.

Jusqu'au 7 mai les Espagnols ten-

Die Belagerung von 1684

Am 28. April 1684 schloß Créqui erneut die Festung ein. Seine Armee bestand aus 21.000 Mann Infanterie und 7.000 Mann Kavallerie. In der Festung befanden sich neben der Bevölkerung etwa 2.600 Mann Fußvolk und 500 bis 600 Reiter, verstärkt durch 300 bewaffnete Bürger unter dem Kommando des Grafen von Chimay.

Die Belagerungsarbeiten wurden von Sébastien le Prestre de Vauban geleitet, dem berühmten Festungsbauingenieur des Sonnenkönigs. Ihm zur Seite standen 60 Ingenieure. Mit Hilfe von 7.000 zwangsverpflichteten Bauern und 3.400 Soldaten wurden zwei mehr oder weniger zusammenhängende Ringe um die Festung gelegt.

Nach einer ausführlichen Erkundung legte Vauban die genauen Angriffsabschnitte fest. Neben dem Hauptangriff an der Neutorfront, also zwischen den Bastionen Marie und Berlaimont, waren noch Nebenan-

tion, were some 2,600 footmen and 500 to 600 horsemen, reinforced by 300 armed citizens, under the command of the Prince of Chimay.

The siege operation itself was directed by Sébastien le Prestre de Vauban, the Sun King's famous military engineer. 60 further engineers stood at his side. With the help of 7,000 chain-ganged peasants and 3,400 soldiers, two more or less coherent rings (circumvallation-line and countervallation-line) were formed around the fortress.

After a detailed reconnaissance, Vauban determined the exact sectors of attack. Next to the main attack on the New Gate front, namely between the Marie and Berlaimont Bastions, secondary attacks were planned through the Pfaffenthal and the Grund, and from Bonnevoie.

Until 7 May the Spanish attempted three sallies. On the evening of 8

taient trois sorties. Au soir du 8 mai, l'attaque proprement dite était déclenchée dans la plaine et on creusait des tranchées en zigzag pour s'approcher de façon protégée des fortifications principales. Au matin du 10 mai, les agresseurs parvenaient à s'installer dans le chemin couvert extérieur. Les redoutes Marie et Berlaimont, sur lesquelles se concentraient les attaques, ne devaient toutefois être conquises que le 18, respectivement le 21 mai, suite à des combats acharnés même sous terre. Les trois petites tours en bordure du Pfaffenthal avaient été abandonnées entretemps en raison de leur situation par trop exposée. Lors de leur retraite du Pfaffenthal, les Espagnols mirent le feu à toutes les habitations.

Dans la nuit du 28 au 29 mai, les agresseurs parvenaient jusqu'au fossé principal. Mais l'attaque latérale à travers le Grund avait progressé le

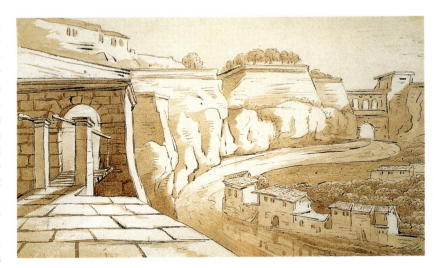

griffe durch das Pfaffenthal und den Grund sowie von Bonneweg her vorgesehen.

Bis zum 7. Mai unternahmen die Spanier drei Ausfälle. Am Abend des 8. Mai wurde der eigentliche Angriff in der Ebene eröffnet und Zickzackgräben zur gedeckten Annäherung an die Festung gezogen. Am Morgen des 10. Mai gelang es den Angreifern, sich in dem äußeren gedeckten Weg festzusetzen. Die beiden angegriffenen Türme Marie und Berlaimont sollten den Franzosen erst am 18. bzw. 21. Mai nach erbitterten Kämpfen, sogar unter Tage, in die Hände fallen. Die drei kleineren Türme am Rande des Pfaffenthals waren wegen ihrer ungünstigen Lage mittlerweile aufgegeben worden. Bei ihrem Rückzug aus dem Pfaffenthal steckten die Spanier alle Häuser in Brand.

In der Nacht vom 28. zum 29. Mai gelangten die Belagerer in den Hauptgraben. Der Nebenangriff durch den Grund war am weitesten fortgeschrit-

May the real attack was begun on the plain, and zigzag saps were dug to enable approach to the fortress under cover. On the morning of 10 May the attackers succeeded in positioning themselves in the outer covered way. After bitter conflict, the two towers under attack, Marie and Berlaimont, were to fall into the hands of the French, first on 18, and then on 21 May, that is to say within days. In the meantime, and in view of their unfavourable location, the three smaller towers on the edge of the Pfaffenthal had been given up. Upon their retreat from the Pfaffenthal, the Spanish set fire to all the houses.

During the night of 28/29 May the besiegers arrived in the main ditch. The secondary attack through the Grund had advanced furthest. Inhabitants and occupiers were now so weakened that further resistance was no longer thinkable. The fortress had become ripe for the taking. A capitulation could now result without

Vue de la forteresse dessinée par Johann Wolfgang von Goethe en 1792

Festungsansicht von Johann Wolfgang von Goethe aus dem Jahre 1792

Fortress view pictured by Johann Wolfgang von Goethe in the year 1792

Aquarelle
de J.M.W. Turner
(Musée national)

Aquarell
von J.M.W. Turner
(Nationalmuseum)

Watercolour
by J.M.W. Turner
(National Museum)

plus loin en avant. La population et la garnison étaient tellement affaiblies qu'il était hors de question d'envisager de continuer la résistance. La forteresse était mûre pour l'assaut. Une reddition devenait concevable sans sacrifier pour autant l'honneur militaire. Une prise par assaut aurait par contre signifié le pillage de la ville.

Le matin du 31 mai le gouverneur envoyait des émissaires pour négocier une armistice, qui était accordée. Mais lors des négociations les Français remarquaient que le comte de Chimay essayait de gagner du temps, c'est pourquoi ils reprenaient le siège au soir. Le 4 juin, quelques jours seulement avant la mise à feu des mines envisagée, les Espagnols déclaraient enfin forfait. L'acte de capitulation fut signé le lendemain et deux jours plus tard la garnison quittait la ville. Une escorte française l'accompagnait jusqu'aux territoires espagnols.

ten. Bevölkerung und Besatzung waren nun derart geschwächt, daß an weiteren Widerstand nicht mehr zu denken war. Die Festung war jetzt sturmreif. Eine Übergabe konnte demnach ohne Verlust der militärischen Ehre erfolgen. Im Falle einer Erstürmung wäre die Stadt hingegen geplündert geworden.

Am Morgen des 31. Mai bat der Gouverneur um einen Waffenstillstand, der auch zustande kam. Im Laufe der Verhandlungen gewannen die Franzosen jedoch den Eindruck, daß der Graf von Chimay nur Zeit zu gewinnen versuchte, und so nahmen sie die Belagerungsarbeiten gegen Abend wieder auf. Am 4. Juni, wenige Tage vor der geplanten Zündung der Minen, gaben die Spanier endgültig auf. Die Kapitulation wurde am folgenden Tag unterzeichnet, und zwei Tage später zog die Besatzung ab. Eine französische Eskorte geleitete sie bis auf spanisches Gebiet.

loss of military honour. In the event of a storming of the city there would, on the other hand, have been much plundering.

On the morning of 31 May the Governor asked for a cease-fire, which took effect. In the course of negotiations the French got the impression, however, that the Prince of Chimay was only attempting to win time, and so they recommenced siege operations towards evening. On 4 June, a few days before the planned detonation of the mines, the Spanish finally gave up. The surrender was signed the next day, and two days later the occupiers withdrew. A French escort accompanied them as far as Spanish territory.

Vauban enlarges the fortress

A short time after the capture of the fortress, Vauban produced a plan

Puits rouge

A l'endroit que l'on appelle aujourd'hui *Roude Pëtz* dans la Ville Haute, l'ingénieur militaire Vauban avait fait

Vauban élargit la forteresse

Peu après la prise de la forteresse, Vauban soumettait un plan d'élargissement qu'il exécuta jusqu'en 1688. Outre la reconstruction et la modification des ouvrages détruits, les hauteurs de l'autre côté de la Pétrusse et de l'Alzette étaient fortifiées pour empêcher précisément une répétition de l'attaque de 1684. Une des raisons pour lesquelles l'attaque principale dans la plaine avait été couronnée de succès tenait au fait que les défenseurs pouvaient être observés et neutralisés par les agresseurs à partir des hauteurs du Pfaffenthal. C'est donc ici que furent réalisés les ouvrages *du Paffendal* et *du Parc* dont les avancées furent renforcées par la suite par deux redoutes du même nom.

Le mur de Wenceslas reconstruit était protégé par le ravelin du Rham

Vauban erweitert die Festung

Kurze Zeit nach der Einnahme der Festung legte Vauban einen Plan für ihre Erweiterung vor, der bis 1688 ausgeführt wurde. Neben dem Wiederaufbau und Umbau der zerstörten Werke, wurden die Höhen jenseits von Petruß und Alzette befestigt, um eine Wiederholung der Attacke von 1684 zu erschweren. Damals war der Hauptangriff in der Ebene so erfolgreich gewesen, weil die Verteidiger von den Pfaffenthaler Höhen her eingesehen und niedergehalten werden konnten. So entstanden nunmehr das Kronwerk *du Paffendal* und das Hornwerk *du Parc*, deren Vorfeld nachträglich durch zwei gleichnamige Türme gesichert wurde.

for its enlargement, which was carried out until 1688. Alongside the reconstruction and renovation of works which had been destroyed, the heights on the other side of the Petrusse and the Alzette were fortified, to make more difficult a repeat of the 1684 attack. At that time the main assault on the plain had been so successful because the defenders could be seen from the Pfaffenthal heights, and pinned down. So here they built the crownworks *du Pfaffendal* and the hornworks *du Parc* the apron of which was additionally protected by two like-named towers.

The restored *Wenzelsmauer* was protected by the Rham ravelin and a third advanced tower (*Redoute de la bombarde*). A chain of forts on the outer edge of the Petrusse Valley reinforced the Thionville Front. The St. Esprit Plateau was separated from the rest of the city and redesigned as the citadel.

Les "Trois Glands", un bastion du Fort Thüngen

Drei Eicheln", ein Bollwerk des Fort Thüngen

The "Three Acorns", a part of Fort Thüngen

creuser un puits en 1685. Cependant, le puits, qui avait une profondeur de 62 mètres, était achevé seulement en 1741 sous les Autrichiens. A cause de sa peinture rouge les habitants ont donné au bâtiment du puits le nom de *Roude Pëtz*. Bien que l'installation fut démolie en 1868 la désignation de cet endroit s'est maintenue jusqu'à nos jours.

Roter Brunnen

Am heutigen Platz namens *Roude Pëtz* in der Oberstadt hatte der Festungsingenieur Vauban 1685 einen Brunnen graben lassen. Der Brunnen, der eine Tiefe von 62 Metern hatte, wurde jedoch erst 1741 unter den Österreichern fertiggestellt. Wegen sei-

nes roten Anstriches tauften die Einwohner das Brunnenhaus auf den Namen *Roude Pëtz*. Obwohl die Anlage 1868 abgerissen wurde, ist die Bezeichnung dieses Platzes bis heute geblieben.

Red Well

In the square in the Upper City which today has the name *Roude Pëtz*, Vauban, the fortress engineer, built a well in 1685. The well, which had a depth of 62 metres, was first made ready, however, under the Austrians. Because of its red sandstone outlook, the inhabitants nick-named the well-house *Roude Pëtz*. Although the installation was torn down in 1868, the square continued to be so called.

Les troupes de Louis XIV se servirent de la place d'Armes pour leurs parades

Die Place d'Armes wurde von den Truppen Ludwig XIV. als Paradeplatz benutzt

The Place d'Armes was used by the troops of Louis XIV as a parade ground

et par une troisième tour avancée (la redoute de la Bombarde). Une chaîne de forts sur la limite extérieure de la vallée de la Pétrusse devait renforcer le front de Thionville. Le plateau du St-Esprit était séparé du reste de la ville pour être transformé en citadelle.

Mais ce qui importait aussi, c'était la création d'une infrastructure militaire. En faisaient partie, outre les casernes supplémentaires, l'hospice militaire dans le Pfaffenthal, la salle d'armes à côté de l'arsenal, de nouveaux puits et des magasins à poudre à l'épreuve de la bombe, les premiers de leur genre à Luxembourg.

Après la signature du traité de paix de Rijswijk, la France se retirait définitivement du duché de Luxembourg jusqu'au 28 janvier 1698. La forteresse était occupée à partir de ce moment par des troupes espagnoles

Die wiederhergestellte Wenzelsmauer wurde durch das Rhamravelin und einen dritten vorgeschobenen Turm (*Redoute de la bombarde*) geschützt. Eine Kette von Forts am äußeren Rand des Petrußtals verstärkte die Thionviller Front. Das Heilig-Geist-Plateau wurde vom Rest der Stadt abgetrennt und zur Zitadelle umgestaltet.

Von großer Bedeutung war die Schaffung einer militärischen Infrastruktur. Dazu gehörten, neben weiteren Kasernen, das Militärhospital im Pfaffenthal, das Gewehrsaalgebäude am Arsenal, neue Brunnen und bombensicher eingewölbte Pulvermagazine, die ersten ihrer Art in Luxemburg.

Nach der Unterzeichnung des Friedensvertrages von Rijswijk räumte Frankreich bis zum 28. Januar 1698 das Herzogtum. Die Festung wurde jetzt durch spanische und deutsche Trup-

The creation of a military infrastructure was also of great significance. To this there belonged, alongside further barracks, the military hospital in the Pfaffenthal, the armoury building at the Arsenal, new wells and new bomb-proof vaulted powder magazines, the first of their sort in Luxembourg.

After the signing of the Treaty of Ryswick the French vacated the Duchy during the days up to 28 January 1698. The fortress was now occupied by Spanish and German troops. In February 1701 it came once more, by betrayal, into French possession. After the Treaty of Utrecht (1713) it was occupied for two years by Dutch troops. By the Treaty of Rastatt (1714) it finally fell to Austria.

et allemandes. En février 1701 elle tombait à nouveau sous contrôle français suite à une trahison. Après la paix d'Utrecht (1713) des troupes hollandaises l'occupaient deux années de suite. Grâce à la paix de Rastatt (1714), elle allait tomber définitivement dans le giron autrichien.

Les Autrichiens, des bâtisseurs de premier plan

C'étaient finalement les Autrichiens qui devaient s'avérer être les bâtisseurs les plus efficaces. Outre le renforcement des ravelins du corps de place, les sept redoutes de la deuxième ceinture de la plaine furent transformées en forts indépendants. Devant le glacis extérieur furent construits les deux forts Rheinsheim et Charles. Situés au bord de la vallée de la Pétrusse respectivement de l'Al-

pen besetzt. Im Februar 1701 kam sie durch Verrat wieder in französischen Besitz. Nach dem Frieden von Utrecht (1713) wurde sie zwei Jahre lang mit holländischen Truppen belegt. Durch den Frieden von Rastatt (1714) fiel sie endgültig an Österreich.

Die Österreicher als tüchtige Baumeister

Die Österreicher sollten sich als die tüchtigsten Baumeister erweisen. Neben der Verstärkung der Ravelins im Hauptgraben wurden die sieben Türme des zweiten Gürtels der Ebene in selbständige Forts umgewandelt. Vor dem äußeren Glacis entstanden die beiden Forts Rheinsheim und Charles. Am Rande des Petruß- bzw. Alzettetals gelegen, bildeten sie den

The Austrians were competent architects

The Austrians were to prove to be the most competent architects. Next to the reinforcement of the ravelins by the main ditch, the seven towers belonging to the second girdle on the plain were converted into independent forts. In front of the outer Glacis were built the two forts Rheinsheim and Charles. Located at the edge of the Petrusse and Alzette Valleys, they formed the third girdle on the plain. In order to obstruct any approach operations, the earth and subsoil of the Glacis was taken away, so that only the bare rock remained.

The intervals between the works of the second girdle of the Thionville Front was filled with more works. In front of the left section, Fort Neip-

Départ de la garnison prussienne en 1867

Die preußischen Truppen beim Verlassen der Festung im Jahre 1867

The Prussian troops departing from the fortress in 1867

zette ils formaient la troisième ceinture vers la plaine. Afin de rendre plus difficile les travaux d'approche, la terre avait été enlevée du glacis et il n'y restait plus que la roche nue.

Les intervalles libres de la deuxième ceinture du front de Thionville furent remplis par des ouvrages supplémentaires. Devant le secteur gauche le fort Neipperg fut installé comme seul ouvrage de la troisième ceinture de ce front. Dans le front du Grünewald, le nouveau fort Olizy remplaçait la redoute du Pfaffenthal. La redoute du Parc fut entourée d'une enveloppe au cours des années 1736/37. Derrière elle fut installé un puissant réduit en forme de flèche. Cette nouvelle installation fut renommée en fort Thüngen. Les vallées pouvaient être inondées par trois écluses.

Pour la défense souterraine les

dritten Gürtel der Ebene. Zur Erschwerung von Annäherungsarbeiten war die Erde des Glacis entfernt worden, so daß nur nackter Fels übrigblieb.

Die freien Zwischenräume im zweiten Gürtel der Thionviller Front wurden durch weitere Werke aufgefüllt. Vor dem linken Abschnitt wurde das Fort Neipperg als einziges Werk des dritten Gürtels dieser Front angelegt. In der Grünewälder Front ersetzte das neue Fort Olizy die *Redoute du Paffendal.* Die *Redoute du Parc* wurde in den Jahren 1736/37 mit einer Enveloppe umgeben. Dahinter entstand ein starkes, pfeilförmiges Reduit. Die neue Anlage wurde in Fort Thüngen umbenannt. Die Täler konnten durch drei Schleusen unter Wasser gesetzt werden.

perg was built as the only works of the third girdle on this front. On the Grünewald Front, the new Fort Olizy replaced the *Redoute du Paffendal.* The *Redoute du Parc* was surrounded by an envelope in the years

Borne du
rayon de la forteresse

Alter
Festungsgrenzstein

Old
fortress boundary mark

Autrichiens installèrent un réseau de mines et de galeries, qui atteignait une longueur de 23 kilomètres. Des casemates à canon furent brisées dans le rocher du Bock et les parois raides des vallées. Ces casemates peuvent encore être visitées aujourd'hui.

L'ordonnance des servitudes militaires de 1749 interdisait la construction dans un rayon de 590 mètres autour des fortifications. Cette mesure était prise pour garder libre le champ de tir des canons de la place et pour enlever à d'éventuels assiégeants toute possibilité de couverture.

Lorsque l'empereur Joseph II visita la ville en 1781 les citoyens lui demandèrent de sortir de la forteresse les énormes provisions en poudre. Par la suite quatre magasins à poudre "pour les temps de paix" se développèrent à l'extérieur de la forteresse.

Zur unterirdischen Verteidigung legten die Österreicher ein Netz von Minen- und Verbindungsgängen an, das eine Gesamtlänge von über 23 Kilometern erreichte. In den Bockfelsen und in die schroffen Felswände der Täler wurden Geschützkasematten gesprengt. Diese Kasematten können noch heute besichtigt werden.

Die Rayonverordnung von 1749 verbot das Bauen in einem Umkreis von etwa 590 Metern um die Festungswerke. Mit dieser Maßnahme sollte das Schußfeld der Festungsgeschütze freigehalten und eventuellen Belagerern Deckungsmöglichkeiten genommen werden.

Als Kaiser Joseph II. im Jahre 1781 die Stadt besuchte, baten die Bürger ihn um die Auslagerung der riesigen Pulvervorräte. In der Folge entstanden außerhalb der Festung vier sogenannte Friedenspulvermagazine.

1736/37. Behind it was built a strong V-shaped reduit. The new building was renamed Fort Thüngen. The valleys could be flooded with water by means of three sluices.

For subterranean defence, the Austrians laid out a network of mines and connecting galleries, which reached a total length of more than 23 kilometres. Artillery casemates were blasted out of the Bock outcrop and the precipitous rock walls of the valleys. These casemates can still be visited today.

A decree of 1749 forbade building within an area of some 590 metres around the fortification works. With this measure the field of fire of the fortress artillery was to be kept clear, and any possibility of cover taken away from those laying siege.

When Emperor Joseph II visited the city in the year 1781, the citizens

La Vieille Ville: vue du rocher du Bock

Altstadt-Panorama vom Bockfelsen aus betrachtet

Panoramic view of the *Alstad* from the Bock outcrop

Le mur de Wenceslas
avec le *Maierchen* et la
Bisserpuert; photo prise en
1868 (Photothèque de la
Ville de Luxembourg /
collection Bernard Wolff)

Wenzelsmauer mit
Maierchen und *Bisserpuert*;
Aufnahme aus dem Jahre
1868 (Photothek der Stadt
Luxemburg / Kollektion
Bernard Wolff)

The *Wenzelsmauer*
with the *Maierchen* and the
Bisserpuert, photograph
from the year 1868 (City of
Luxembourg Photo
Library / Bernard Wolff
Collection)

Le blocus de 1794/95

La forteresse est réduite par la faim

La joie quant à l'élimination partielle de ces foyers de danger ne durait que peu. A la suite de la Révolution française et aussi de la Révolution brabançonne dans les Pays-Bas autrichiens toutes les forteresses furent armées. La poudre était ramenée dans la forteresse en 1789 encore.

Après la campagne échouée des Alliés contre la France en 1793 les Français entamèrent avec succès la contre-attaque. Luxembourg était de nouveau en danger.

Au début de 1794 le commandant de la forteresse commençait à mettre en place un corps de chasseurs composé de volontaires luxembourgeois. En avril, Arlon fut évacuée et les pro-

Die Blockade von 1794/95

Die Festung wird ausgehungert

Die Freude über die teilweise Beseitigung dieser Gefahrenherde war nicht von Dauer. Infolge der Französischen Revolution und auch der Brabanter Revolution in den österreichischen Niederlanden wurden alle Festungen armiert. Das Pulver wurde noch 1789 in die Festung zurückgebracht.

Nach dem mißlungenen Feldzug der Alliierten gegen Frankreich im Jahre 1793 gingen die Franzosen erfolgreich zum Gegenangriff über. Luxemburg war wieder in Gefahr.

Anfang 1794 begann der Festungs-

asked him to clear out the gigantic stock of gunpowder from the fortress. As a result four so-called peacetime powder magazines were built outside the fortress.

The blockade of 1794/95

The fortress was starved out

The joy over the partial removal of these dangers was short lived. As a consequence of the French Revolution, and also the Brabant Revolution in the Austrian Netherlands, all fortresses were armed. The gunpowder was brought back into the fortress in 1789.

After the failure of the Allied

visions de guerre y stockées furent transportées à Luxembourg. En juillet, un appel fut lancé à la population de s'approvisionner en vivres pour quatre mois. Les troupes de couverture se rapprochèrent de plus en plus de la ville. Lors d'une inspection de toutes les maisons, chaque cinquième chambre fut réquisitionnée pour le logement de troupes supplémentaires. Le 21 novembre, le cercle s'était fermé autour de la forteresse.

Le blocus durait jusqu'au 7 juin 1795. Pendant cette période, il n'y eut que de petites actions des deux côtés. Les Français canonnèrent quelques ouvrages de fortification et la ville-même. Mais il n'y eut aucun siège en règle; la forteresse était réduite par la faim.

Un duel célèbre

Dans le jardin de la maison Mohr de Waldt (*photo*) un célèbre duel a eu lieu le 15 mai 1767. Le maître de maison, Philippe-Evrard Mohr de Waldt, avait porté un jugement défavorable à l'égard de l'impératrice Marie-Thérèse. Sur quoi il a été provoqué en duel par le comte J. Ch. Cobenzl, un ministre de l'impératrice. Philippe-Evrard Mohr de Waldt, âgé de 63 ans, a eu le dessous et a été mortellement blessé par un coup de couteau. L'incident a été gardé secret étant donné que la peine de mort pesait sur les duels.

Ein berühmtes Duell

Im Garten des Hauses Mohr de Waldt (*Foto*) fand am 15. Mai 1767 ein berühmtes Duell statt. Der Hausherr, Philippe-Evrard Mohr de Waldt, hatte sich belei-

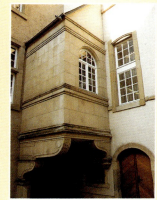

digend über Kaiserin Maria-Theresia geäußert. Daraufhin forderte Graf J. Ch. Cobenzl, ein Minister der Kaiserin, ihn zum Duell heraus. Der 63jährige Philippe-Evrard Mohr de Waldt zog den kürzeren und wurde durch einen Messerstich tödlich verletzt. Die Affäre wurde geheimgehalten, da auf Duellen die Todesstrafe stand.

A famous duel

A famous duel took place in the garden of the Mohr de Waldt house (*picture*) on 15 May 1767. The owner, Philippe-Evrard Mohr de Waldt, had spoken offensively about Empress Maria-Theresia. As a result Count J. Ch. Cobenzl, one of the Empress's Ministers, had demanded a duel. The 63 year old Philippe-Evrard Mohr de Waldt came off worst and was fatally injured by a knife wound. The affair was kept secret, because the death penalty was imposed for duelling

kommandant ein Jägercorps aus luxemburgischen Freiwilligen aufzustellen. Im April wurde Arlon geräumt und die dort lagernden Kriegsvorräte nach Luxemburg gebracht. Im Juli erging ein Aufruf an die Bevölkerung, sich auf vier Monate mit Lebensmitteln zu versorgen. Die Deckungstruppen wurden immer näher an die Stadt herangezogen. Bei einer Besichtigung aller Häuser wurde jedes fünfte Zimmer für die Unterbringung von zusätzlichen Truppen requiriert. Am 21. November hatte sich der Ring um die Festung geschlossen.

Die Blockade dauerte bis zum 7. Juni 1795. In dieser Zeit gab es nur kleinere Unternehmungen auf beiden Seiten. Die Franzosen beschossen einige Festungswerke und die Stadt selbst. Zu einer förmlichen Belagerung kam es nicht; die Festung wurde schlicht ausgehungert.

campaign against France in the year 1793, the French went on a successful counter-attack. Luxembourg was again under threat.

At the beginning of 1794 the fortress commandant began to put together a rifle corps of Luxembourg volunteers. In April Arlon was cleared and the military supplies which had been stored there were brought to Luxembourg. In July an appeal went out to the populous, that they should stock up with sufficient supplies for four months. The covering troops were drawing ever nearer to the city. On an inspection of all the houses, every fifth room was requisitioned for the accommodation of additional troops. On 21 November the circle had closed around the fortress.

The blockade lasted until 7 June 1795. During this time there were only small undertakings on either side. The French fired at some

Les fortifications du plateau du Rham en 1868 (Photothèque de la Ville de Luxembourg / collection Bernard Wolff)

Das befestigte Rhamplateau im Jahre 1868 (Photothek der Stadt Luxemburg / Kollektion Bernard Wolff)

The fortified Rham Plateau in the year 1868 (City of Luxembourg Photo Library / Bernard Wolff Collection)

Le faubourg
du Grund vers 1867
(Photothèque de la Ville de
Luxembourg / collection
Bernard Wolff)

Unterstadt
Grund um das Jahr 1867
(Photothek der Stadt
Luxemburg / Kollektion
Bernard Wolff)

The lower
suburb of Grund around
1867 (City of Luxembourg
Photo Library / Bernard
Wolff Collection)

fortification works, and also at the city itself. A formal siege did not arise; the fortress was starved out.

Explosion of the powder magazine

Because the wars of the Napoleonic era were conducted far away from Luxembourg, the fortress had to

Explosion de la tour à poudre

Etant donné que les guerres de l'époque napoléonienne étaient menées loin de Luxembourg, la forteresse avait largement perdu son importance de jadis. Les remparts étaient à peine encore entretenus et se délabraient de plus en plus.

De 1802 à 1805 fut confectionné un modèle de la forteresse qui se trouve encore aujourd'hui au Musée des plans-reliefs à Paris. Une copie de l'original est cependant exposée au Cercle municipal de la Ville de Luxembourg.

L'événement le plus dramatique de

Explosion des Pulverturms

Weil die Kriege der napoleonischen Epoche weit entfernt von Luxemburg geführt wurden, hatte die Festung ihre frühere Bedeutung weitgehend verloren. Die Bollwerke wurden kaum noch unterhalten und verkamen zusehends.

Von 1802 bis 1805 wurde ein Modell der Festung angefertigt, das sich heute noch im *Musée des plans-reliefs* in Paris befindet. Eine Kopie kann im Ratskeller des Cercle-Gebäudes besichtigt werden.

Das dramatischste Ereignis dieser

cette époque fut l'explosion de la tour à poudre du fort Verlorenkost le 26 juin 1807. La catastrophe avait été déclenchée de nouveau par un coup de foudre. Au Stadtgrund presque tous les toits furent découverts; 32 personnes furent tuées et 120 blessées plus ou moins grièvement.

Après la bataille près de Leipzig, en octobre 1813, Napoléon devait se

Zeit war die Explosion des Pulverturms im Fort Verlorenkost am 26. Juni 1807. Ausgelöst wurde die Katastrophe einmal mehr durch Blitzschlag. Im Stadtgrund wurden fast alle Dächer abgedeckt; 32 Menschen kamen um und 120 wurden schwer verletzt.

Nach der Schlacht bei Leipzig im Oktober 1813 mußte sich Napoleon

a large extent lost its earlier significance. The bulwarks hardly continued to be maintained, and they became more and more dilapidated.

From 1802 until 1805 a model of the fortress was prepared, which is today to be found in the *Musée des plans-reliefs* in Paris. A copy of the original can however be visited in the cellar of the Cercle Municipal.

Le démantèlement de la forteresse (Photothèque de la Ville de Luxembourg)

Die Schleifung der Festung (Photothek der Stadt Luxemburg)

The dismantling of the fortress (City of Luxembourg Photo Library)

Officier
du régiment de Bender
(Musée d'histoire de la
Ville de Luxembourg)

Offizier
des Bender-Regiments
(Museum der Geschichte
der Stadt Luxemburg)

Officer
of the Bender Regiment
(Museum of the City of
Luxembourg)

The most dramatic event of this time was the explosion of the powder magazine in Fort Verlorenkost on 26 June 1807. The catastrophe was once again caused by a bolt of lightening. In the suburb of Grund almost every roof was blown off, and 32 people perished while 120 were seriously injured.

After the battle near Leipzig in October 1813, Napoleon had to retreat to France. In January 1814 Luxembourg was surrounded by the Al-

retirer en France. En janvier 1814, Luxembourg fut encerclée par les Alliés. Le 3 mai 1814, les Français partirent.

Forteresse de la Confédération germanique

La Prusse prenait possession de la forteresse après la première paix de Paris. Par le Congrès de Vienne

nach Frankreich zurückziehen. Im Januar 1814 wurde Luxemburg von den Alliierten eingeschlossen. Am 3. Mai 1814 zogen die Franzosen ab.

Festung des Deutschen Bundes

Preußen übernahm die Festung nach dem ersten Pariser Frieden. Durch den Wiener Kongreß im Jahre 1815

Pratique de la baïonnette et de la natation

Les soldats prussiens de la fortere fédérale Luxembourg (1815-1867) vaient se soumettre à un rude ent nement physique. Une importance pa culière était attachée à la pratique de baïonnette ainsi qu'à la pratique de gymnastique et de la natation. C'est a qu'en 1818 une école de natation spéci fut ouverte à Bonnevoie, qui était tra férée en 1838 devant la porte de Mansf et en 1854 devant la porte de Bisser.

Bajonettfechten und Schwimmen

Die preußischen Soldaten der Bund festung Luxemburg (1815-1867) muß sich einem harten körperlichen Train unterwerfen. Besonderen Wert wurde Bajonettfechten sowie auf Turn- u Schwimmunterricht gelegt. So wurde 1 eine spezielle Schwimmschule in Bon weg eingerichtet, die 1838 vor das Ma feld-Tor und 1854 vor das Bissertor v legt wurde.

en 1815, les anciens Pays-Bas autrichiens (Luxembourg et Belgique) revenaient aux Pays-Bas. Le grand-duché de Luxembourg devenait membre de la Confédération germanique nouvellement créée. Mayence, Luxembourg et Landau étaient déclarées forteresses fédérales. Des accords bilatéraux avec le roi des Pays-Bas, qui était en union personnelle grand-duc du Luxembourg, donnaient à la Prusse le droit exclusif de fournir la garnison de paix.

...ayonet practice ...nd swimming

...he Prussian soldiers of the Federal ...ortress in Luxembourg (1815-1867) had ... undergo hard physical training. Par-...cular emphasis was placed on bayonet ...actice, as well as gymnastics and swim-...ing instruction. So in 1818 a special ...vimming school was set up in Bon-...evoie, which in 1838 was moved to the ...ansfeld Gate and in 1854 the Bisser ...ate.

gelangten die früheren österreichischen Niederlande (Luxemburg und Belgien) an Holland. Das Großherzogtum Luxemburg wurde Mitglied des neu geschaffenen Deutschen Bundes. Mainz, Luxemburg und Landau wurden zu Bundesfestungen erklärt. Bilaterale Verträge mit dem König der Niederlande, der in Personalunion Großherzog von Luxemburg war, gaben Preußen das alleinige Recht, die Friedensbesatzung zu stellen.

lies. On 3 May 1814 the French withdrew.

Fortress of the German Federation

Prussia took the fortress after the first Treaty of Paris. By the Vienna Congress, in the year 1815, the former Austrian Netherlands (Luxembourg and Belgium) acquired Hol-

Les murs du *Stierchen* ont une épaisseur de 3,3 mètres

Stierchen: die Mauern sind 3,3 Meter dick

The *Stierchen*: the walls are 3.3 metres thick

La *Corniche*, appelée également "le plus beau balcon de l'Europe", s'étend sur les remparts

Die *Corniche*, die über den Festungswall führt, gilt als "schönster Balkon Europas"

The *Corniche* which leads above the fortress rempart is reputedly the "most beautiful balcony in Europe"

A cause du déclenchement de la Révolution belge en 1830 la forteresse devait être armée en toute vitesse. De cette révolution naquirent en 1839 la Belgique et le Luxembourg en tant que nouveaux Etats indépendants, le dernier avant tout à cause de sa forteresse. Le grand-duché, devenu plus petit par des cessions de territoire à la Belgique, restait cependant membre de la Confédération germanique.

Déjà en 1826 on avait commencé à rendre plus facile le contrôle du front de la plaine par l'aplanissement de la plupart des lunettes. La séparation de la citadelle du St-Esprit fut abolie. Dans le front du Grünewald les forts Olizy et Thüngen furent modernisés. L'ornementation particulière des trois tourelles de gorge leur ont valu le nom de *Trois Glands* dans le langage populaire. Par la construction du fort moderne Fetschenhof (plus tard Dumoulin), à l'endroit d'un retranchement en plein champ, datant de 1794, le front de Trèves fut également renforcé.

Wegen des Ausbruchs der Belgischen Revolution im Jahr 1830 mußte die Festung eiligst armiert werden. Aus dieser Revolution gingen 1839 Belgien und Luxemburg, letzteres vor allem wegen seiner Festung, als neue unabhängige Staaten hervor. Das durch Gebietsabtretungen an Belgien kleiner gewordene Großherzogtum blieb jedoch Mitglied des Deutschen Bundes.

Bereits 1826 hatte man begonnen, die Front der Ebene durch Einebnung der meisten Lünetten übersichtlicher zu gestalten. Die Abtrennung der Heilig-Geist-Zitadelle wurde aufgehoben. In der Grünewälder Front wurden die Forts Olizy und Thüngen modernisiert. Die besondere Verzierung der drei Kehltürme brachte diesen im Volksmund den Namen "Drei Eicheln" ein. Durch den Bau des modernen Forts Fetschenhof (später Dumoulin), anstelle einer Feldschanze von 1794, wurde die Trierer Front ebenfalls verstärkt.

land. The Grand Duchy of Luxembourg became a member of the newly created German Federation. Mainz, Luxembourg, and Landau were declared to be federal fortresses. Bilateral treaties with the King of the Netherlands, who was Grand Duke of Luxembourg by personal union, gave Prussia the exclusive right to peace-time occupation.

On account of the outbreak of the Belgian Revolution in the year 1830, the fortress had to be armed most hurriedly. This revolution resulted, in 1839, in Belgium and Luxembourg, the latter above all for its fortress, becoming new independent states. However the Grand Duchy, which had become smaller through territorial cessions to Belgium, remained a member of the German Federation.

As early as 1826 they had begun to give the Plain Front a clearer overall view, by levelling most of the lunettes. The separation of the St. Esprit Citadel was under way. On the Grünewald

L'ancien hôpital militaire fut uniquement utilisé, comme au temps des Français, en tant que caserne. Dans l'ancienne abbaye de Münster un hôpital militaire pour les temps de paix fut installé. Tous les dépôts détruits en 1794/95 furent nouvellement aménagés. La Confédération germanique acquit en 1839 le refuge St-Maximin et le fit transformer en résidence du gouverneur de la forteresse. Plus tard de nouveaux bâtiments à l'épreuve des bombes y furent ajoutés: un hôpital militaire, un dépôt de grains et des ateliers pour l'artillerie sur le plateau du St-Esprit, un autre hôpital au Stadtgrund, une caserne sur le plateau du Rham et un dépôt pour l'artillerie à proximité du bastion Jost.

La construction des chemins de fer à partir de 1858 nécessitait d'importantes constructions nouvelles et des transformations à cause du tracé de la ligne à travers les ouvrages extérieurs de fortification. Le tracé de la voie ferrée signifiait cependant une extension de la ville. Pour des raisons militaires l'on érigeait la gare sur le terrain du front de Thionville. A cause de la sévère ordonnance des servitudes militaires, les bâtiments devaient être construits en bois. Pour protéger la gare, le fort de la Gare (plus tard fort Wedell) était installé. Des batteries spéciales mettaient à l'abri les ponts des chemins de fer. Un viaduc au-dessus de la vallée de la Pétrusse reliait la gare à la Ville Haute et posait ainsi la première pierre pour une extension ultérieure de la ville.

En 1863, les villes basses Grund et Pfaffenthal et, en 1865, Clausen, qui avaient jusqu'à ce moment été soumises à l'ordonnance des servitudes

Das frühere Militärhospital wurde, wie schon in französischer Zeit, nur noch als Kaserne benutzt. In der einstigen Münsterabtei wurde ein Friedenslazarett eingerichtet. Alle 1794/95 zerstörten Magazine wurden neu angelegt. Der Deutsche Bund erwarb 1839 das Refugium St. Maximin und ließ es zur Residenz des Festungsgouverneurs umbauen. Später kamen neue bombensichere Gebäude hinzu: ein Kriegslazarett, ein Körnermagazin und ein Kriegslaboratorium auf dem Heilig-Geist-Plateau, ein weiteres Kriegslazarett im Stadtgrund, eine Kaserne auf dem Rhamplateau und ein Artillerie-Wagenhaus in der Nähe der Bastion Jost.

Der Eisenbahnbau in den Jahren nach 1858 erforderte wegen der Linienführung durch die äußeren Festungswerke umfangreiche Neu- und Umbauten. Die Gleistrasse bewirkte aber auch eine Erweiterung der Stadt. Aus militärischen Gründen errichtete man den Bahnhof auf dem Gelände vor der Thionviller Front. Wegen der strengen Rayonbestimmungen mußte für die Gebäude die Holzbauweise gewählt werden. Zum Schutz des Bahnhofs wurde das Bahnhofsfort (später Fort Wedell) angelegt. Besondere Batterien sicherten die Eisenbahnbrücken. Ein Viadukt über das Petrußtal verband Bahnhof und Oberstadt und legte so den Grundstein für eine spätere Ausdehnung der Stadt.

1863 wurden die Unterstädte Grund und Pfaffenthal, 1865 Clausen, die allesamt bis dahin den Rayon-Bestimmungen unterworfen waren,

Front, the Forts of Olizy and Thüngen were modernised. The special adornment of the three gorge-towers brought the latter the vernacular nickname of Three Acorns. Through the building of the modern Fort Fetschenhof (later Dumoulin), in the place of a 1794 entrenchment, the Trier Front was likewise strengthened.

The earlier military hospital was used only as a barracks, as was already the case in the time of the French. A peacetime hospital was built in the former Münster Abbey. All the magazines which had been destroyed in 1794/95 were built anew. In 1839 the Federation acquired the St. Maximin Refuge, and had it converted into a residence for the fortress Governor. Later, new bomb-proof buildings appeared: a war hospital, a grain store, and a war laboratory on the St. Esprit, a further war hospital in the Grund, a barracks on the Rham Plateau, and an artillery-vehicle depot near the Jost Bastion.

The building of the railway from 1858 required extensive new construction and re-building, to run the lines through the outer fortification works. The railway brought about an expansion of the city however. For military reasons the station was built on the land before the Thionville Front. Because of strict regulations, the buildings had to be constructed of timber. To protect the station the Station Fort (later Wedell Fort) was constructed. Special batteries protected the railway bridges. A viaduct over the Petrusse Valley connected the station and the Upper City, thus laying the foundation for a later expansion of the city.

In 1863 the lower suburbs of

Théâtre au fossé de la Porte Neuve

Dans le fossé devant la Porte-Neuve, l'un des accès principaux vers la ville, se trouvait jadis un théâtre de plein air. La première représentation a eu lieu en 1824. On présentait le drame de Friedrich Schiller "Les Brigands". Sur le programme on faisait de la publicité avec des scènes excitantes: "(...) plusieurs combats apparaissent visiblement, ainsi que la chute de Roller du cheval. Karl Moor et plusieurs brigands font de l'escrime à cheval." Plusieurs rôles du spectacle avaient par ailleurs été tenus par des citoyens de la ville-forteresse.

Theater im Neutor-Graben

Im Graben vor dem Neutor, einem der Hauptzugänge zur Stadt, befand sich einst ein Freilichttheater. Die erste Aufführung fand 1824 statt. Gespielt wurde Friedrich Schillers Drama "Die

Räuber". Auf dem Programmzettel wurde mit aufregenden Szenen geworben: "(...) einige Gefechte kommen sichtbar vor, so auch der Sturz Rollers vom Pferd. Karl Moor und mehrere Räuber fechten zu Pferde." Einige Rollen des Schauspiels waren außerdem mit Bürgern der Festungsstadt besetzt worden.

Theatre in the New Gate moat

In the moat before the New Gate, one of the principal entrances into the city, there was once an open-air theatre. The first presentation took place in 1824. Friedrich Schiller's drama *Die Räuber* (The Brigands) was performed. On the programme an exciting scene was outlined: "some fighters come into view, and we also hear the sound of horse-drawn vehicles. Karl Moor and several brigands are fighting on horse-back." Some of the parts in the play were taken by citizens of the fortress city.

militaires, furent intégrées dans la forteresse. L'on peut facilement comprendre à quel point cette décision représentait un soulagement pour la population locale sachant que le plan d'armement de la forteresse de 1857 prévoyait la démolition de 317 maisons en cas de guerre.

En 1860 des canons à chargeant par la culasse avec une portée et une précision de tir inégalées jusqu'à cette date furent introduites. Du coup les fortifications paraissaient démodées. C'est ainsi qu'en 1865 des projets pour la modification complète du front de la plaine et la création d'une ceinture de forts avancée supplémentaire furent élaborés.

La guerre prusso-autrichienne de 1866 causa cependant la dissolution de la Confédération germanique et la fondation de l'Union de l'Allemagne du Nord, à laquelle le grand-duché

in die Festung miteinbezogen. Welche Erleichterung dies für die dort lebende Bevölkerung bedeutete, kann man sich vorstellen, wenn man bedenkt, daß der Armierungsplan von 1857 im Kriegsfall den Abriß von 317 Häusern vorsah.

1860 wurden Hinterladergeschütze mit bis dahin unerreichter Schußentfernung und -genauigkeit eingeführt, die die bestehenden Befestigungen schlagartig veralten ließen. Deshalb wurden 1865 Projekte zur vollständigen Umgestaltung der Front der Ebene und zur Schaffung eines zusätzlichen vorgeschobenen Fortgürtels ausgearbeitet.

Der preußisch-österreichische Krieg von 1866 führte allerdings zur Auflösung des Deutschen Bundes und zur Gründung des preußisch dominierten Norddeutschen Bundes, dem das Großherzogtum Lu-

Grund and Pfaffenthal, and in 1865 Clausen, which until then were subjugated to regional regulations, were included in the fortress. What relief this gave to those living there, cannot be imagined, if one thinks that the reinforcement plans made in 1857 envisaged the demolition of 317 houses.

In 1860 breach-loading arms were introduced, with a range of fire and accuracy which had previously been unattainable, and which suddenly made the existing fortifications rather obsolete. For that reason plans were prepared in 1865 for the complete remodelling of the Plain Front and for the creation of an additional advanced girdle of forts.

However, the 1866 war between Prussia and Austria brought about the dissolution of the German Federation, and the founding of the Prussian-dominated North German Federation, into which the Grand Duchy of Luxembourg did not enter. The continued presence of the Prussian garrison in Luxembourg came into question. In the face of the far-reaching political changes on the other side of the Rhine, Napoleon began to lay claims to Luxembourg which, with King-Grand Duke William III, did not fall on deaf ears, but which the German Chancellor Otto von Bismarck opposed.

The dismantling

In order to avoid a war, a conference was called, which ended on 11 May 1867 with the Treaty of London, guaranteeing lasting independence to a neutral Luxembourg. A precondition was the complete demolition of the forti-

de Luxembourg n'adhéra pas. Le stationnement de la garnison prussienne à Luxembourg fut mis en question. Considérant les modifications politiques importantes outre-Rhin, Napoléon III commença à formuler des revendications sur Luxembourg, qui ne passèrent pas inaperçues chez le roi-grand-duc Guillaume III, mais auxquelles le chancelier allemand Otto von Bismarck s'opposa.

Le démantèlement

Pour éviter la guerre, une conférence fut organisée. Celle-ci se terminait le 11 mai 1867 avec le traité

xemburg nicht beitrat. Das Verbleiben der preußischen Garnison in Luxemburg war in Frage gestellt. Angesichts der tiefgreifenden politischen Veränderungen jenseits des Rheins begann Napoleon III. Ansprüche auf Luxemburg zu erheben, die beim König-Großherzog Wilhelm III. nicht auf taube Ohren stießen, während Bismarck sich ihnen widersetzte.

Die Schleifung

Um einen Krieg zu vermeiden, wurde eine Konferenz einberufen, die am 11. Mai 1867 mit dem

fication works, for which William III stood as guarantor, and which would be supervised by Prussia and France.

The last Prussian troops left the fortress on 9 September 1867. The first demolition measures involved the dismounting of gates and drawbridges, and the filling-in of the ditches in front of the gateways. After that, the main ramparts and works in the ditches were broken up. The fortress buildings were sold, or put to public use. The present day swathe of parks was created on the works of the second girdle on the plain. By the beginning of the Franco-Prussian War of 1870/71, the outer forts were in all haste made unusable, through being

Les murs résistaient efficacement aux tirs de canon

Die massiven Mauern mußten so manchem Kanonenbeschuß trotzen

The massive walls had to withstand a lot of canon fire

de Londres qui garantissait une perpétuelle indépendance à un Luxembourg neutre. La condition préalable était le démantèlement complet des ouvrages de fortification pour lequel Guillaume III se portait garant et qui était surveillé par la Prusse et la France.

Les dernières troupes prussiennes quittèrent la forteresse le 9 septembre 1867. En tant que première me-

Londoner Vertrag endete, der einem neutralen Luxemburg eine dauerhafte Unabhängigkeit garantierte. Voraussetzung war die vollständige Schleifung der Festungswerke, für die Wilhelm III. garantierte und die von Preußen und Frankreich überwacht wurde.

Die letzten preußischen Truppen verließen die Festung am 9. September 1867. Als erste Schleifungs-

breached, and in the following year they were levelled. The demolition works were ceremonially declared to have been completed in 1883.

On the traces of the Gibraltar of the North

Today visitors to Luxembourg's capital can still find evidence of

sure de démantèlement tous les battants de portes et tous les ponts levis furent démontés et les fossés devant les portes remplis. Ensuite le corps de place et les dehors furent démolis. Les bâtiments de la forteresse furent vendus, respectivement amenés à une utilisation publique. L'actuelle ceinture des parcs se développait sur les ouvrages de la deuxième ceinture de la plaine.

maßnahme wurden alle Torflügel und Fallbrücken demontiert und die Gräben vor den Toren verfüllt. Danach wurden der Hauptwall und die Grabenwerke abgebrochen. Die Festungsgebäude wurden verkauft bzw. einer öffentlichen Verwendung zugeführt. Der heutige Parkgürtel entstand auf den Werken des zweiten Gürtels der Ebene. Bei Beginn des deutsch-französischen Krie-

the former fortress. Alongside the remains of the facing walls of the ramparts facing the Petrusse, the *Wenzelsmauer*, the Bock Casemates, and the Beck Bastion, to name but a few examples, there are still some of the fortress buildings which these days house the National Archive and the Foreign Ministry.

At various points, the so-called Spanish Turrets form a picturesque

Mur de **Wenceslas, faubourg du Grund, Vieille Ville et rocher du Bock**

Wenzelsmauer, **Unterstadt Grund, Altstadt und Bockfelsen**

The *Wenzelsmauer*, **Grund, *Alstad*, and the Bock**

Au début de la guerre franco-allemande de 1870/71 les forts extérieurs furent en toute vitesse rendus inutilisables par des brèches et aplanis aux cours des années suivantes. Les travaux de démantèlement furent solennellement déclarés terminés en 1883.

Sur les traces du Gibraltar du Nord

Aujourd'hui les visiteurs de la capitale luxembourgeoise trouvent encore beaucoup d'indications concernant l'ancienne forteresse. Outre les vestiges des murs de protection des remparts vers la Pétrusse, le mur de Wenceslas et les casemates du Bock et du bastion Beck, pour n'en citer que quelques-uns, il y a toujours d'anciens bâtiments de la forteresse, qui hébergent aujourd'hui les Archives nationales ou le ministère des Affaires étrangères.

A différents endroits les *échauguettes espagnoles* fournissent un cadre pittoresque. Sous les parcs de la ville, le long du boulevard du Prince Henri, les systèmes de mines des forts sont restés conservés en majeure partie et sont rendus accessibles au public de temps en temps. Les noms des rues et des places fournissent des indications supplémentaires au sujet de l'histoire. Lors de travaux de voirie ou de démolition on trouve toujours des vestiges des fortifications.

Le fort Thüngen dégagé à proximité du Centre européen au Kirchberg devra héberger dans peu de temps dans son réduit qui est à res-

ges von 1870/71 wurden die äußeren Forts in aller Eile durch Breschen unbenutzbar gemacht und in den folgenden Jahren eingeebnet. Die Schleifungsarbeiten der Festung wurden 1883 feierlich für beendet erklärt.

Auf den Spuren des Gibraltar des Nordens

Die heutigen Besucher der luxemburgischen Hauptstadt finden noch viele Hinweise auf die frühere Festung. Neben den Überresten der Bekleidungsmauern der Wälle zur Petruß hin, der Wenzelsmauer, den Kasematten des Bocks sowie der Bastion Beck, um nur diese Beispiele zu nennen, gibt es noch jene Festungsgebäude, die heute das Nationalarchiv und das Außenministerium beherbergen.

An verschiedenen Orten geben die sogenannten "Spanischen Türmchen" eine malerische Kulisse ab. Unter den Stadtparks längs des Boulevards du Prince Henri sind die Minensysteme der Forts noch weitgehend erhalten geblieben und werden der Öffentlichkeit von Zeit zu Zeit zugänglich gemacht. Straßen- und Ortsnamen geben weitere Hinweise zur Geschichte. Bei Abriß- oder Straßenbauarbeiten finden sich immer wieder Überreste der Befestigungen.

Das freigelegte Fort Thüngen in der Nähe des Europazentrums auf Kirchberg soll in absehbarer Zeit sowohl ein Zentrum für zeitgenössische Kunst als auch das längst über-

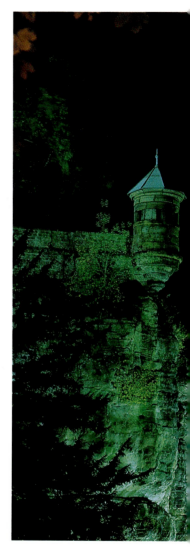

backdrop. Below the Municipal Park, along the Boulevard du Prince Henri, the mine systems belonging to the forts remain extensively preserved, and are made open to the public from time to time. Street and place names provide further clues to their history. Whenever there is any demolition work being carried out, or any road rebuilding, remains of the fortress are for ever being discovered.

The uncovered Fort Thüngen, near the European Centre on the Kirch-

Echauguette
espagnole" et "Trois
Tours"

Spanisches
Türmchen" und "Drei
Türme"

A "Spanish
Turret" and the "Three
Towers"

taurer, à côté d'un centre d'art con-
temporain, un musée de la forteresse. Cet endroit conviendrait par-
faitement car les 180 ans de son
existence en tant qu'ouvrage de fortification en main française, autri-
chienne, à nouveau française et ensuite prussienne, reflètent le rôle
que la ville et la forteresse Luxembourg ont depuis toujours joué,
c'est-à-dire le rôle d'un carrefour
historique et culturel au milieu de
l'Europe.   ◼

fällige Festungsmuseum in seinem
zu restaurierenden Reduit aufneh-
men. Dieser Ort wäre gut gewählt,
denn die 180 Jahre seines Be-
stehens als Festungswerk in französischer, österreichischer, dann
wieder französischer und schließ-
lich preußischer Hand reflektieren
die Rolle, die Stadt und Festung
Luxemburg schon immer spielten,
nämlich jene eines historischen und
kulturellen Kreuzungspunktes inmitten Europas.   ◼

berg, will in the foreseeable future
incorporate in its reduit, which is
itself to be restored, as well as a contemporary art centre, a long-overdue
fortress museum. This site is a good
choice, because the 180 years of its
existence as a fortification works in
French, Austrian, again French, and
finally Prussian hands, reflect the
role which the city and the fortress
always played, namely that of a his-
torical and cultural cross-roads at the
very heart of Europe.   ◼

Voyage à travers l'espace et le temps
Possibilités de visite dans la ville-forteresse

Reise durch Raum und Zeit
Besichtigungsmöglichkeiten in der Festungsstadt

Journey through space and time
Opportunities to visit the Fortress City

Les casemates

Les premières fortifications souterraines étaient creusées dans le rocher en 1644 sous les Espagnols. Après le démantèlement de la forteresse à partir de 1867 un réseau de 17 kilomètres de casemates est resté conservé. Les casemates du Bock peuvent être visitées du 1er mars au 31 octobre; les casemates de la Pétrusse sont ouvertes à Pâques, à la Pentecôte ainsi que de juillet à septembre. Une crypte archéologique près de l'entrée des casemates du Bock héberge des vestiges de ce château que les premiers comtes de Luxembourg avaient érigé.

Kasematten

Die ersten unterirdischen Befestigungsanlagen wurden 1644 unter den Spaniern in den Fels gegraben. Nach der Schleifung der Festung ab 1867 blieb ein 17 Kilometer langes Netz von Kasematten erhalten. Die Bock-Kasematten können vom 1. März bis zum 31. Oktober besichtigt werden; die Petruß-Kasematten sind an Ostern, Pfingsten sowie von Juli bis September geöffnet. Eine archäologische Krypta beim Eingang der Bock-Kasematten beherbergt Überreste jener Burg, die die ersten Grafen von Luxemburg errichteten.

Casemates

The first underground fortifications were excavated from the rock in 1644 by the Spanish. After the demolition of the fortress from 1867, a 17 kilometre network of casemates was preserved. The Bock Casemates can be visited between 1 March and 31 October each year; the Petrusse Casemates are open at Easter, Whitsun, and from July to September. An archaeological crypt at the entrance to the Bock Casemates houses the remains of the castle erected by the first Counts of Luxembourg.

Le mur de Wenceslas

La construction du troisième mur d'enceinte fut entamée en 1325 par le comte Jean l'Aveugle. Seulement à la fin du XIVe siècle le dernier fragment, que l'on appelle le mur de Wenceslas, fut achevé par Wenceslas II. Différents remparts et tours du mur de Wenceslas furent reconstruits. Sur un circuit historico-culturel, sous le thème "1000 années en 100 minutes", on peut visiter les fortifications. Des visites guidées sont proposées en saison par le *Luxembourg City Tourist Office.*

Wenzelsmauer

Der Bau der dritten Ringmauer wurde 1325 von Graf Johann dem Blinden in Angriff

genommen. Erst gegen Ende des 14. Jahrhunderts wurde das letzte Teilstück, die sogenannte Wenzelsmauer, von Wenzel II. fertiggestellt. Verschiedene Wälle und Türme der Wenzelsmauer wurden neu aufgebaut. Auf einem kulturhistorischen Rundweg, unter dem Thema "1000 Jahre in 100 Minuten", kann man die Befestigungsanlagen in Augenschein nehmen. Führungen werden in der Saison vom *Luxembourg City Tourist Office* angeboten.

Wenzelsmauer

The building of the third defensive wall was first tackled by Count John the Blind in 1325. At the end of the 14th century the last component, the so-called *Wenzelsmauer*, was completed by Wenceslas

II. Various ramparts and towers of the *Wenzelsmauer* have been newly rebuilt. On a cultural-historical circuit, on the theme "1000 Years in 100 Minutes", the fortifications can be fully appreciated. Guided tours are offered by the *Luxembourg City Tourist Office* during the season.

Modèle en relief de la forteresse

Un modèle en relief de la forteresse Luxembourg est exposé au Cercle municipal de la Ville de Luxembourg (rue du Curé). Il s'agit de la copie exacte d'un modèle fabriqué entre 1802 et 1805 par l'armée française. Un montage son et lumière fournit des explications quant à l'histoire de l'ancien "Gibraltar du Nord". Des visites sont possibles pendant les vacances scolaires.

Reliefmodell der Festung

Im Ratskeller des Cercle Municipal (Rue du Curé) ist ein

Reliefmodell der Festung Luxemburg ausgestellt. Es ist die genaue Kopie eines Modells, das zwischen 1802 und 1805 vom französischen Militär angefertigt wurde. Eine Ton- und Lichtshow gibt Erläuterungen über die Geschichte des einstigen "Gibraltar des Nordens". Besichtigungen sind während der Schulferien möglich.

Relief model of the fortress

In the *Ratskeller* of the Cercle Municipal (Rue du Curé), a relief model of the fortress of Luxembourg is on show. It is an exact copy of a model which was created between 1802 and 1805 by the French

military. A sound and light show gives a commentary on the history of the former "Gibraltar of the North". Visits are possible during school holidays.

Musée national
d'histoire et d'art

Une section du Musée national d'histoire et d'art situé au Marché-aux-Poissons est consacrée à la forteresse Luxembourg. Sont exposés pour la plupart des armes et des documents sur l'histoire militaire. Le musée est ouvert tous les jours (à l'exception des lundis et de certains jours fériés).

Nationalmuseum
für Geschichte und
Kunst

Eine Abteilung des am Fischmarkt gelegenen Nationalmuseums für Geschichte und Kunst ist der Festung Luxemburg gewidmet. Gezeigt werden vorwiegend Waffen und militärgeschichtliche Dokumente. Das Museum ist täglich (außer montags und an verschiedenen Feiertagen) geöffnet.

National Museum
of History and Art

A section of the National Museum of History and Art, situated in the Fish Market, is dedicated to the fortress of Luxembourg. Principally on show are weapons and documents of military history. The museum is open daily (except on Mondays and on various public holidays).

Musée
d'histoire de la Ville
de Luxembourg

Le musée dans la rue du St-Esprit illustre le développement du siège des comtes en 963 jusqu'à la métropole européenne au XXe siècle. Le visiteur y obtient une vue d'ensemble de la vie quotidienne des habitants au cours de différentes occupations de la forteresse.

Museum der
Geschichte der Stadt
Luxemburg

Dieses Museum in der Rue du St-Esprit veranschaulicht die Entwicklung Luxemburgs vom Grafensitz im Jahre 963 bis zur europäischen Metropole im 20. Jahrhundert. Dabei erhält der Besucher Einblick in den Alltag der Einwohner während der verschiedenen Festungsbesatzungen.

Museum of
the History of the City
of Luxembourg

This museum, in the Rue du St-Esprit, pictures the development of the seat of the Counts of the year 963 into the European metropolis of the 20th century. The visitor gains an impression of the everyday lives of the inhabitants during the various occupations of the fortress.

Le Palais grand-ducal

Al'endroit de la résidence de ville actuelle de la famille grand-ducale se trouvait jadis le premier Hôtel de ville, qui était cependant détruit en 1554 par une explosion de poudre. Le palais actuel peut être visité en juillet et en août.

Großherzogliches Palais

An der Stelle der heutigen Stadtresidenz der großherzoglichen Familie befand sich einst das erste Rathaus, welches jedoch 1554 durch eine Pulverexplosion zerstört wurde. Das heutige Palais kann im Juli und im August besichtigt werden.

Grand Ducal Palace

On the site of the present day town residence of the Grand Ducal Family there was formerly the first City Hall, which was, however, destroyed by a powder explosion in 1554. Today's palace can be visited in July and August.

Informations

Des informations quant aux visites guidées, au sujet de la forteresse ainsi que les heures d'ouverture exactes des différentes curiosités sont fournies par le

Luxembourg
　City Tourist Office
　Place d'Armes
　B.p. 181
　L-2011 Luxembourg
　Tél.: (+352)
　　22 28 09 / 22 75 65

Informationen

Auskünfte über Führungen zum Thema Festung sowie über die genauen Öffnungszeiten der verschiedenen Sehenswürdigkeiten erteilt das

Luxembourg
　City Tourist Office
　Place d'Armes
　Postfach 181
　L-2011 Luxemburg
　Tel.: (+352)
　　22 28 09 / 22 75 65

Information

Information about tours on a fortress theme, as well as exact opening times of the various "sights", can be obtained from the

Luxembourg
　City Tourist Office
　Place d'Armes
　P.O. Box 181
　L-2011 Luxembourg
　Tel: (+352)
　　22 28 09 / 22 75 65

LUCILINBURHUC
Luxembourg ville-forteresse

ISBN 2-87954-043-7 (broché)
ISBN 2-87954-044-5 (cartonné)

Rédaction et coordination:
Rob Kieffer, Romain Kohn

Texte: André Bruns

Traduction française: Mario Hirsch,
Brigitte-Suzette Brandenburger
Traduction anglaise: Bob West

Layout: Heng Ketter

Photos: Raymond Clement,
Guy Hoffmann, Rob Kieffer,
Marcel Schmitz, Marcel Schroeder, Musée
d'histoire de la Ville de Luxembourg,
Photothèque de la Ville de Luxembourg,
Luxembourg City Tourist Office

Photogravure:
RAF, I-Firenze
Impression:
Lito Roberto Terrazzi, I-Firenze

Distribution exclusive
pour le Grand-Duché de Luxembourg:
Messageries du Livre
11, rue Christophe Plantin
L-2339 Luxembourg

© 1996
Editions Guy Binsfeld
14, Place du Parc
L-2313 Luxembourg

Dans la collection
"Monographies du Grand-Duché
de Luxembourg"
les Editions Guy Binsfeld ont
également publié les ouvrages
ci-après:

LUXEMBOURG
La capitale, la Vallée des Sept
Châteaux et la Vallée de l'Alzette

ISBN 2-87954-027-5 (broché)
ISBN 2-87954-028-3 (cartonné)

OESLING
Les Ardennes luxembourgeoises

ISBN 2-87954-023-2 (broché)
ISBN 2-87954-032-1 (cartonné)

ECHTERNACH & MULLERTHAL
Echternach, la Petite Suisse
Luxembourgeoise et la Basse-Sûre

ISBN 2-87954-026-7 (broché)
ISBN 2-87954-029-1 (cartonné)

MOSELLE
La Moselle luxembourgeoise et son
arrière-pays

ISBN 2-87954-025-9 (broché)
ISBN 2-87954-030-5 (cartonné)

MINETTE
Le Sud du Luxembourg

ISBN 2-87954-024-0 (broché)
ISBN 2-87954-031-3 (cartonné)

Ces 5 monographies sur
les régions du Grand-Duché de
Luxembourg peuvent également
être obtenues reliées en un recueil
de luxe de 320 pages.